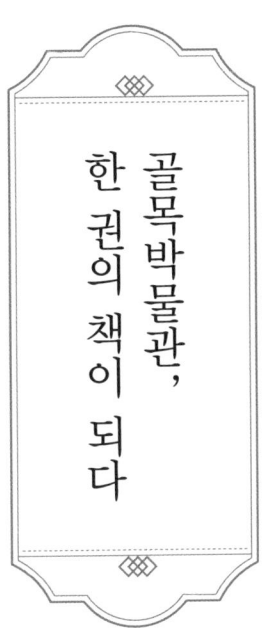

골목박물관,
한 권의 책이 되다

터페이퍼

목차

008   골목박물관,
           세상 모든 곳으로 이어지는 문

026   오늘은 골목을 느리게 걷자

           골목을 걷다
           근대 골목여행
           학교종이 땡땡땡
           다방 레시피

062 한 권의 책이 된 사람들

어둠이 깊을수록 별은 빛나고 _ 이병희
매향동이 나의 전부여 _ 정옥선
55년 된 구멍 난 양은솥. 낡음의 가치를 담다 _ 조영호
수원 팔달로의 터주대감 신영제분소 _ 강정희
살아온 시간이 역사가 되다 _ 김중배
오래된 기와집에 담다 _ 이용재
생의 활기 삶의 증거 _ 조웅호
삶을 닦고 다듬는 기술자 _ 신용길
가난한 자들의 보금자리 금보여인숙 _ 김연순
막다른 길을 품은 동네 속 길다방 커피의 정겨움 _ 최대자

182 살림살이

그릇전
가구전
생활용품전
바느질전
전자제품전
학교전

246 문을 닫으며

에필로그
수집과 조사 과정

골목박물관, 세상 모든 곳으로 이어지는 문

골목박물관,
세상 모든 곳으로 이어지는 문

굽이굽이 골목 사이, 이야기를 간직한 골목박물관
수원화성의 장안문에서 남쪽으로 4백여 미터를 내려오면 장안사거리가 나온다. 걷는 동안 막대 아이스크림처럼 네모 반듯하게 이발한 가로수들을 구경하다 보면 금방 장안사거리가 보이는데, 거기서 북수동 초입인 왼쪽 골목으로 들어가면 커다란 나무 대문이 나타난다. 백 년 세월의 역사와 이야기를 간직한 이곳이 바로 골목박물관이다.
골목박물관의 오래된 나무 대문을 열고 들어가면 세 동의 건물이 보이는데, 가장 왼쪽에 있는 건물이 골목박물관 본관이다. 이 건물은 1920년에 지어진 '묘수사'라는 사찰이었다. 가운데 있는 전시실은 1960년대에 지어졌고, 가장 오른쪽에 있는 건물은 1980년대에 지어졌다. 시대별 건축물을 한 눈에 볼 수 있는 것도 골목박물관의 매력이다.

행궁동 인생극장

2018. 12. 26 ~
AM 11:00 - PM 5:00

행궁동 골목박물관 영상실

골목박물관, 세상 모든 곳으로 이어지는 문

행궁동 골목을 걷다

대문을 들어서면 제일 오른쪽에 행궁동의 과거로 시간여행을 할 수 있는 법이 전시되어 있다. 수원화성을 중심으로 하는 열두 개의 작은 동네들을 통틀어 행궁동이라고 하는데, 행궁동은 수원화성으로 둘러싸인 성안 마을이다. 유네스코 문화유산에 등재된 성벽과 행궁이 있고, 오래된 동네가 그렇듯 굽이굽이 이어지는 골목길이 가득한 동네다.

성 안쪽은 과거에 수원의 행정 도심이자 상업 중심지였다. 그만큼 많은 사람이 모여들었고, 골목마다 이야기가 넘쳐났다. 골목에 심어둔 화초가 바람과 햇빛과 누군가의 온기 가득한 눈길을 받으며 꽃피우는 것처럼, 골목에 흘러넘치는 이야기를 들으며 함께 사람다움을 기르며 살아온 동네가 행궁동이다.

〈행궁동 골목을 걷다〉는 이 동네 골목을 48시간 동안 걸어서 둘러볼 수 있도록 경로를 짜 놓았다. 행궁동의 골목을 걷는 시간여행자를 위한 안내인 셈이다. 첫날 오전에는 예술가들이 사랑하는 동네 남창동을 여유롭게 걷고, 오후에는 신풍동과 장안동의 낮은 담벼락과 골목 가게들을 구경한다. 어두워지면 달빛 아래 성곽길 따라 북수동, 남수동으로 여행을 한다. 안내에는 이렇게 적혀 있다.

> 구불구불 이어진 골목을 걷다 보면
> 쭉 뻗은 길로만 가는 것이
> 얼마나 재미없는 것인지 알게 될 것이다.

친구들과 어쩌다 신풍학교 바로 위에 있던
동굴로 놀러가거나 조그만 다람쥐 굴에 연기를 피워
다람쥐를 잡던 즐거운 기억도 남아 있다.
신풍학교가 소풍가는 날이면 비가 온다는
설화가 있었는데, 실제로 소풍만 가면 비가 왔고

행궁동 인생극장

박물관 한 켠에 있는 영상실에는 동네 어르신들의 이야기를 담은 인터뷰 영상이 상영되고 있다. 극장 안에 있는 분홍색 의자에 앉으면 지금과는 다른 모습이었던 수원의 모습과 이제는 사라지고 없는 기찻길인 수려선 이야기, 수원 내 실향민 사진 등이 화면에 가득 담긴다. 그 시절을 살아낸 사람들의 기억을 조각조각 맞추다 보면 어느새 옛 수원의 모습을 그려볼 수 있을지도 모른다.

122년의 역사를 가진 신풍초등학교

행궁동 시간여행 마지막 부분에 낡은 풍금이 놓여 있다. 색색의 분필, 옛날 교과서 등은 신풍초등학교의 기증품이다. 신풍초등학교는 122년의 역사를 지녔지만, 2018년 2월을 마지막으로 문을 닫았고, 이제는 교문과 강당만이 남아 있다. 비록 학교는 사라졌지만, 아이들의 온기로 활기찼던 골목에 대한 기억은 여기저기 남아 있다. 하지만 기록이 없으면 결국 사람이 사라지고, 기억도 사라지게 될 것이다.

사람의 생애가 담긴 박물관

골목박물관 가장 왼쪽 본관에는 사람 사는 이야기가 가득하다. 손때 묻은 사진과 앨범을 비롯해, 시집올 때 가져온 그릇 등 다양한 생활물품들은 사람들의 생애가 담겨 있어 더욱 빛난다.

그 물건 속에는 삶의 역사가 지문처럼 남겨져 있다. 매향동에 사는 정옥선 님의 나막신은 젊은 나이에 먼저 세상을 떠난 남편이 남긴 것이다. 남편은 서른 후반이 될 때까지 10여 년을 아팠는데, 어느 날 남편이 시골에서 가져온 향나무를 밤마다 몇 번을 신겨보며 깎아서 만들었다. 나이 마흔에 홀로된 아내는 나막신과 함께 나이가 들었다.

당신의 오늘도 기록입니다.

기억되지 않는 역사는 반복된다.
기록하지 않으면 잊혀진다!

골목 안 사람들이 궁금하다.
닫혀진 문을 열고 나와 이웃과 이웃이
서로 소통하고 소소한 삶을 이야기하고
소박한 음식을 나누어 먹는
골목 안 작은 공동체 이야기를 들어보자.

골목박물관 展
마을 차원의 책, 기록 역사

골목박물관은
마을에 잊혀진 공간을 재활용하여
시민에게 문화향유 기회를 높이고자 만들어졌다.
지역의 역사와 기록을 보관하여
사람과 도시를 연결하는 곳이며,
마을공동체 집단의 기억을 수집하고 공유하여
이를 미래 세대에게 물려주는 곳이다.
지역 주민의 참여와 소통을 통해 만들어진
시민박물관으로서 공유된 주민의 기억을 음미하고,
이야기꽃을 피울 수 있는 교류공간이자
마을 활동을 지지하는 문화사랑방으로서 기능하는
마을공동체 아카이브 공간이다.

시집 올 때 받은 예단함, 100년이 넘은 태극기,
병풍을 만들고 싶어 모은 복권 박스,
시간을 스스로 증명하는 녹슨 청동 주걱,
여섯 명의 시동생에 자녀들, 공장에서 일하는 사람들까지,
혼자서 대식구의 끼니를 챙겼던 나무 주걱과 국자,
뒤집개는 식당에서나 보던 것들이다.

골목박물관, 한 권의 책이 되다

골목골목 숨은 이야기를 찾아갑니다.
좁다란 골목 사이, 맞은편 집 대문의 색깔서부터
밥상 위 수저가 몇 개 놓이는지까지
훤히 꿰고 있던 그 골목을 찾아갑니다.

지나치는 사람마다 아는 이의 얼굴이요
누군가의 뒷모습이었던 오래된 골목의 모습을 찾아서
우리가 무심히 지나쳤던 수많은 골목길을
다시 걸으며 그 이야기를 담아갑니다.

한 권의 책이 된 사람들

어르신들을 만나면 흔히 듣는 이야기가 '나 살아온 얘기가 책 한 권은 족히 될 거'라는 말이다. 그래서 행궁동을 다니며 만난 어르신들의 이야기를 각각 한 권의 책으로 만들어 본관 전시실 안에 전시하였다. 오랜 세월 자신의 삶을, 가족을, 동네를 지켜온 토박이 분들의 인생 이야기를 만날 수 있다. 또한 행궁동에 오랫동안 거주하신 다섯 분의 이야기는 따로 집 모양으로 된 전시공간에 물건들과 함께 담았다.

골목박물관에서 만나게 되는 사람 이야기는 모두 평범한 사람의 이야기다. 평범한 사람들이 험난한 세월을 치열하게 살아냈던 삶의 시간이 차곡차곡 담겨 있다. 이처럼 평범한 삶을 잘 살아낸 이웃의 인생을 기록하여 전하는 것은 이웃의 사소함과 평범함을 보듬어주는 일이다. 이 일을 통해 우리는 모두 이러한 평범한 삶의 이야기의 주인공이 바로 우리 자신이라는 점을 비로소 깨달을 수 있을 것이다.

스스로의 역사를 기록하고, 함께 사는 법을 남기는 곳

골목박물관은 〈골목잡지 사이다〉가 수원의 골목골목을 다니며 만났던 수많은 사람을 통해 이들의 빛나는 생애를 담아둘 공간을 고민하면서 생겨났다. 골목박물관은 행궁동 주민과 함께 만든 '자기 역사'이며 '마을공동체 기억 저장소'이다. 행궁동 주민과 함께 발로 뛰며 물건을 모으고, 사람들을 만나 이야기를 들으면서 마을의 숨겨진 역사를 발견하고, 삶의 가치를 배웠다. 이곳에서 평범한 이들의 생애는 그 무엇보다 아름답게 빛나고 있다. 이를 통해 우리는 우리의 삶 또한 어디로 흘러갈 것인지 고민하고 성찰할 수 있을 것이다. 그렇기에 골목박물관은 과거에 머물러 있는 곳이 아니라 과거가 현재와 함께 숨쉬는 곳이다.

평범한 행궁동 사람들이 만들어낸
공간, 사람 그리고 기록입니다.

장안동 신정호 님 댁에 있던 꽃 항아리는 한때 대청마루 뒤주 위에 있었는데, 어느 날은 부엌에 놓이기도 했다. 속에 사탕이나 열쇠가 들어있던 때도 있었고, 물김치가 담기기도 했다. 어머니는 돌아가셨지만, 항아리를 보면 어머니의 물김치 맛이 생각난다고 한다.

여러 물건들 중에서 가슴 아픈 사연을 가진 것도 있다. 매화동 박복순 님(1929년생)이 유품으로 남긴 양철 양동이가 두 개가 그것이다. 스물다섯 되던 해, 이 양동이를 남편에게 생일선물로 받았다. 남편은 손수 양철을 구해와서 며칠을 두드리고 땜질하여 양동이를 만들었다.

평생 아이를 갖지 못해 시댁에서 쫓겨났다는 박복순 님은 어느 추운 겨울, 업둥이를 맞아 홀로 키워낸 착하디 착한 사람이었다. 60년 세월 동안 열다섯 번 넘게 이사하면서도 이 양동이를 소중하게 품고 다녔다고 한다. 박복순 님의 아프고 시린, 그러나 아름다웠던 생애가 이 양동이에 담겨있다. 사연을 모른다면 쳐다볼 일 없을 양동이가 이곳 골목박물관에서 사람 살아가는 일에 대해 이야기하고 있다.

당신의 오늘도 기록입니다

이제 골목박물관의 대문을 닫는다. 이 이야기는 한 권의 책으로 남아 천년만년 기록될 것이다. 골목박물관에 담겼던 아름답고, 슬프고, 뜨거웠던 삶의 이야기들을 한 권의 책에 담아 때론 시장 골목처럼 왁자지껄하고, 때론 골목 어귀의 햇볕처럼 따사로웠던 시간의 기억으로 남겨두기로 한다. 문을 닫으면 또 다른 문이 열린다고 했다.

〈골목잡지 사이다〉는
이제 다른 골목과 골목을 연결하여
사라지는 많은 것들을 기록하기 위해 다시 길을 나선다.

오늘은 골목을 느리게 걷자

수원 화성을 중심으로 12개의 작은 동네로 이루어진 행궁동.
조금 더 느리게, 여유롭게 사색하며 골목을 걸어보자!

오늘은 골목을 느리게 걷자
골목을 걷다

시간조차 느리게 흐르는 남창동

팔달산에 올라 산 아래를 내려다 보면, 신기하게도 남창동의 작은 골목길 하나하나가 눈에 밟힐 듯 들어온다. 저 골목에서 만나 반갑게 인사하는 사람의 이야기가 궁금하다. 소박하고 단정한 맛있는 밥집도 저 골목 어딘가에 숨어 있으리라. 이제 골목여행의 설레임과 즐거움이 가득 차오른다. 두근두근, 어디로 갈까?

오늘은 골목을 느리게 걷자

느리게 흐르는 행궁동

수원화성과 그 성곽이 눈에 들어왔다면, 수원 행궁동에 가까이 다가섰다는 말이다. 수원 화성의 성곽 위에는 사람이 걸을 수 있도록 길이 닦여 있는데, 성인 키 정도 높이의 성곽벽 사이로 행궁동의 풍경이 내려다 보인다. 이 성곽길을 따라 여유롭게 거닐어 보자. 과거와 현재를 동시에 걷는 듯한 기분을 느낄 수 있다. 행궁동은 그렇게 묘한 아우라로 여행자들을 맞이한다.

행궁동 한가운데 펼쳐진 화성행궁 광장에서는 가장 넓고 높은 하늘을 만날 수 있다. 광장 한가운데 가만히 홀로 서 보자. 평소에는 느끼지 못했던 한없는 외로움을 느낄 수도 있고, 또는 마음이 뻥 뚫리는 시원함을 경험할 수도 있을 것이다. 주중에는 광장이 다소 한적하고 여유롭다. 강아지와 함께 산책하는 사람들, 자전거에 짐을 싣고 지나가는 아저씨와 벤치에 앉아 비둘기를 바라보는 할아버지, 점심시간에 삼삼오오 모여 산책하는 직장인, 카메라를 들고 여기저기 둘러보는 여행자들을 볼 수 있다. 광장은 주말이면 화성행궁을 찾는 여행자들로 북적거린다. 주중과는 사뭇 다른 풍경이다.

예술가들이 사랑하는 동네, 남창동

화성행궁을 마주하고 섰을 때, 왼쪽에 자리한 곳이 남창동이다. 남창동 골목길을 천천히 걸어보자. 옛날 99칸 기와집을 소유한 부자나 재력가들이 살던 동네이자 오랜 시간 예술가들이 사랑한 동네가 남창동이다. 1960년에 촬영한 고전영화 〈사랑방손님과 어머니〉의 촬영 장소인 한옥 건물과 한데우물이 남아 있고, 지금은 많은 예술가들이 남창동에 머물고 있다.

직선으로 시원하게 뻗은 남창동의 주요 골목은 '아름다운 행궁길'로 불리는 공방거리이다. 공방거리를 사이에 두고 양쪽에서 자아내는 동네 풍경이 흥미롭다. 작고 소박한 공방 창문 너머로 직접 만든 생활예술품을 들여다 보고 있으면 주인의 취향이 어떠한지 미루어 짐작해 볼 수 있다. 거리 오른편에는 팔달산 아래 오밀조밀 모여 있는 동네가 보인다. 등하교하는 남창초등학교 아이들의 깔깔대는 웃음소리로 동네는 한층 더 따뜻하고 정겨워진다.

오늘은 골목을 느리게 걷자

팔달산에 흐르는 시간

바쁘게 흘러가는 일상에 파묻혀 지내다가 문득 시간의 흐름을 깨닫게 되는 순간은 계절의 변화와 맞닥트렸을 때가 아닐까 싶다. 이곳 행궁동에서 봄, 여름, 가을, 겨울의 흐름을 실감하게 만드는 것은 화성행궁 광장과 행궁동을 이어주는 팔달산이다. 계절에 따라 변하는 팔달산의 풍경에 따라 행궁동도 전혀 다른 풍경으로 다가온다.

공방거리를 지나다 보면 이탈리안 레스토랑 라비아 앞에서 팔달산으로 이어지는 계단이 있다. 그 계단을 오르다 보면 완만한 경사에 살짝 굽어진 성신사 단풍길을 만날 수 있다. 성신사는 화성을 지켜주는 신령을 모시는 곳으로 오랫동안 화성을 지켜왔다. 성신사 길엔 동네 어르신이 많은데, 뒷짐을 지고 천천히 걷기에 좋기 때문인 듯하다. 이 성신사 길에서 세월을 안고 자란 나무가 원색의 단풍을 내미는 장면은 감동적이다. 마치 누군가 정성껏 쓴 손 편지가 세월을 건너뛰어 도착한 느낌이랄까. 성신사 길은 겨울이면 흰 눈 덮인 근사한 장관을 보여주고, 봄이면 새싹과 꽃의 향연을, 여름이면 푸른 초록의 물결로 뒤덮인다.

성신사 길을 거쳐 팔달산 정상에 오르면 성 안팎을 한눈에 담을 수 있는 서장대가 나온다. 이곳 서장대는 정조가 수원성을 축조할 당시 세운 2층 누각으로, 군사를 지휘하던 곳이다. 서장대에 올라 성 안팎을 호령했던 근엄한 장수가 되어 이곳저곳을 살펴보며 몇백 년 전 이 동네의 모습을 상상해 보자. 시간여행자라면 누구든 가지고 있을 '상상력 버튼'을 꾹 눌러볼 일이다.

성신사와 화성열차 탑승장 사이에 있는 나무계단으로 내려가면 대승원 후문이 나온다. 대승원은 1954년에 창건된 햇살이 가득한 사찰이다. 작은 정원에서 들려오는 새소리만이 적막을 깨운다. 커다란 불상 아래 남창동의 골목길을 하나하나 엿볼 수 있다. 골목을 오가는 사람들의 삶이 이곳에서 한층 더 가깝게 느껴진다. 대승원에서 나와 원형 길을 따라 심어진 소나무를 곁에 두고 내려가면 다시 화성행궁을 만날 수 있다. 삶이 늘 새로운 시작으로 이어지듯 여행도 다시 시작이라고 말해주는 듯하다.

함께 걷는 늦은 오후의 신풍·장안동

살고 싶은 사랑스러운 동네

이 동네를 처음 마주하면 여기에서 살고 싶다고 생각하게 될지도 모른다. 매일 사랑하는 사람들과 함께 걷고 싶은 길이 있고, 동네 사람들과 함께 어울리는 공간이 있다. 화서문 아래 장안동 느티나무에서 시작되는 성곽길이 무척 아름답다. 아껴두었다가 함께 걷고 싶은 길이다.

성곽길과 나란히 줄지어 있는 집들은 도시적이면서도 고풍스런 모습으로 남아 있다. 커다란 은행나무 아래에 놓인 긴 벤치는 동네 할아버지들이 모여 담소를 나누는 작은 사랑방이다. 이웃과 이웃이 서로 얼굴을 마주하기도 점점 어려워지는 요즘, 신풍·장안동은 서로 손을 흔들며 인사를 건네고, 안부를 주고받는 정겨운 동네다.

영혼을 채워줄 무언가가 이곳에 있다

동네 골목길을 걷다보면 커피향이 길가를 맴돈다. 한국은 이미 수많은 프랜차이즈 커피 전문점의 홍수 속에 살고 있지만, 신풍·장안동에는 가게마다 젊은 청년 창업가들이 자신의 개성과 취향에 맞는 커피 원두를 취급하고 있다. 커피 볶는 냄새가 골목을 채우면 자기 삶에 부족한 1%가 바로 이 커피 냄새라고 생각하게 될 지도 모른다.

동네 골목골목에는 낮은 담벼락을 사이에 두고 오래된 집들이 서로 어깨를 마주하듯 맞닿아 있다. 집주인 취향에 맞게 꾸며 놓은 화단과 담벼락은 계절이 바뀔 때마다 늘 새로운 감동과 재미를 선사해준다. 문틈 사이로만 구경하는 게 못내 아쉽지만, 집 안 마당정원은 오롯이 그 집의 것. 그러니 담 너머로 짧게 감상할 뿐 함부로 사진기를 들이대서는 곤란하다.

행궁 뜰을 거닐어 보자

화성행궁 광장 옆에는 1896년에 문을 연 신풍초등학교의 흔적이 남아 있다. 옛 신풍초등학교 정문을 지나면 정조가 머물렀던 행궁을 만날 수 있다. 행궁은 왕이 지방에 거동할 때 머무는 별궁을 말하는데, 화성행궁은 567칸으로 정궁 형태를 이루고 행랑과 부속 관청까지 합하면 모두 620칸에 이른다. 규모나 기능면에서 국내의 대표적인 행궁으로 꼽힌다. 화성행궁에서 화령전으로 가는 길에는 일제강점기 당시 유일하게 훼손되지 않은 낙남헌이 있다. 혜경궁 홍씨의 회갑연과 여러 행사를 치렀던 곳이다.

화령전의 정전인 운한각은 정조의 초상화를 봉인한 건물이다. 멀리서 운한각을 바라보면 장대한 기운이 느껴진다. 운한각에 가까이 다가가 보면 대들보와 창살의 깊고 짙은 나무색을 볼 수 있다. 세월이 깊어진 만큼 나무의 색도 깊어졌을 것이다. 장대한 운한각에 비해 소소한 풍채를 자랑하는 풍화당은 또 다른 매력으로 여행자의 눈길을 사로잡는다.

행궁동 점집거리를 넘어 장안문까지

900m 남짓한 화서문로 양쪽과 인근 골목길에는 점집이 모여 있다. 행궁동 골목이 더 흥미로운 이유는 바로 이런 이질적 요소들이 동시에 공존하기 때문이다. 대부분 점집은 태극기나 만(卍)자가 적힌 흰천, 빨간천이 순서대로 걸린 장대를 내걸고 있는데, 흰색은 점을 보고 붉은색은 굿을 할 줄 아는 집이라는 뜻이다. 멀리서 신이 알아보고 달려올 수 있게 대나무에 높이 매달았다는 말도 있다. 미래가 불안하거나 답답한 현실에 짓눌릴 때 점집은 심리상담소의 역할을 하기도 했다. 지금은 그 점집들도 많이 사라져 근처 마트에서 파는 과일의 신선도가 떨어졌다고 한다. 점집도 없어지고 굿을 할 일이 적어졌기 때문이다. 화서문을 따라 수원 화성의 북문이자 정문인 장안문까지 걸어보자. 장안문 바로 근처에는 전통식생활체험관이 있다. 전통 식생활 문화의 계승과 발전을 위해 설립된 이곳은 전통음식, 궁중음식, 발효음식, 식문화에 대한 교육과 체험 과정이 마련되어 있다. 음식 인문학 강좌와 기획전시도 함께 운영한다.

장안문에 올라서면 사각형 모양의 플라타너스가 세워진 큰길을 볼 수 있다. 수원화성문화제의 하이라이트인 정조대왕 능행차가 바로 이 거리에서 무려 50여 년 동안이나 계속되었다. 시원스레 뻗은 플라타너스 사이로 형형색색의 옷을 갖춰 입은 행렬이 지나는 것을 상상해보자. 장안문을 내려와 아래에서 위를 올려다 보면 장안문의 위엄을 새삼 느낄 수 있을 것이다.

이곳에서는 길을 잃어도 상관없다

골목은 다양한 이야기를 품고 있다. 골목 모퉁이를 돌아서면 아기자기한 벽화와 마주치기도 하고, 정성껏 가꾼 골목정원을 마주치기도 한다. 행궁동 골목은 단순히 예쁜 풍경이 아니라 그 속에는 사람의 이야기가 숨어 있다. 뒷짐을 지고 여유롭게 걸으며 숨겨진 이야기들을 상상하며 걸어보자. 상상에 빠져 골목을 걷다 잠시 길을 잃어도 괜찮다. 발길 가는 대로 골목길을 걷다 보면 동네 할아버지, 할머니들의 수다가 피어나는 나무 의자를 만나게 될지도 모른다. 거기 앉아 잠시 한숨 돌리고 다시 여행을 시작해도 충분하다.

골목박물관, 한 권의 책이 되다

오늘은 골목을 느리게 걷자

고요한 달빛 따라 걷는 동네, 북수동과 남수동

노을이 질 무렵, 북수동과 남수동의 거리를 걸어보자. 이 동네들은 화홍문 아래 길게 흐르는 수원천을 옆에 두고 있다. 수원천 양옆에 늘어선 버드나무잎들이 바람에 흐늘거린다. 운치가 느껴지는 동네다.

집마다 부유하고 사람마다 즐거운 북수동

북수동에는 1961년까지 전국적으로 유명했던 우시장이 있어서 성안은 소 울음소리로 가득했다. 북수동 하면 우시장이 제일 먼저 떠오를 정도였다. 북수동에 또 다른 유명한 곳이 바로 팔부자거리인데, 이곳은 정조가 수원화성을 축조하고 집마다 부자가 되게 하고 사람마다 즐겁게 하려는 정신으로 만들었다고 한다. 그 어느 동네보다 활기가 넘치고 번성했던 동네가 북수동이었다.

그때의 명성만큼은 아닐지라도 북수동 골목골목에는 재미난 구경거리가 많다. 옛날 팔부자 거리는 지금 문구 도매점이 곳곳에 자리 잡았고, 오래된 음식점 간판들은 저마다 세월과 함께 나이 들어 손님을 기다린다. 곳곳에 오래된 다방과 여인숙이 남아 있다. 여인숙은 달마다 숙박비를 지불하며 사는 달방 사람들의 보금자리이다. 100년 된 금보여인숙이 대표적인데, 대문에 브라질 여성작가 라퀴엘(Raquel Lessa shembri)이 그린 황금물고기 때문에 물고기 여인숙이라고 불리기도 한다. 이 건물은 대표적인 건대 건축물 중 하나이다. 이외에도 북수동 일대에는 많은 근대 건물이 남아 있다. 근대문화와 건축에 관심이 많은 여행자라면 〈근대역사골목여행〉 코너(p.48)를 참고하시기 바란다.

'뽈리화랑'은 북수동 본당의 전신인 수원성당 주임신부로 있던 뽈리 신부(심응용 뽈리 데시데라도 Priest Sim Desideratus)를 기리기 위해 붙인 이름이다. 심응영 뽈리 신부는 1931년 수원성당 제4대 주임신부로 부임하여, 1932년 수원 최초의 고딕식 성당인 수원성당을 건립하였다.

오늘은 골목을 느리게 걷자

나 자신에 집중하는 시간, 뽈리화랑

뽈리화랑은 북수동 성당 안 깊숙한 곳에 자리하고 있다. 2007년 소화초등학교가 이전하고 전시공간으로 쓰이고 있는데, 바닥이 나무로 되어 있어 걸음을 디딜 때마다 삐거덕대는 소리가 들린다. 전시장에 들어설 때 문 뒤의 스위치를 켜고, 관람을 마치고 나서는 불을 끄고 나오면 된다. 뽈리 신부 관련 전시가 상설 전시되고 있다. 커다란 창문에 하얀 커튼이 인상적이다.

화랑 옆에는 '십자가의 길'이 있다. 예수의 고난을 석조로 새긴 조형물이 곳곳에 있다. 봄이면 야생화가 피고, 가을이면 낙엽으로 물드는 정갈하고 소담한 정원이다. 잠시 눈을 감고 귀 기울여 자신에게 집중해보자.

성곽길 따라 걷기

성인 키 정도 되는 높이의 성곽을 따라 여유롭게 걸어보자. 도심 속 높은 빌딩 사이를 걸어갈 때면 도시의 각진 표정 때문에 자신도 모르게 걸음을 재촉하게 되지만, 낮은 성곽으로 둘러싸인 이곳에서는 한결 부드럽고 깊은 도시의 표정을 만날 수 있다. 탁 트인 풍경과 높고 푸른 하늘을 눈에 담으며 성곽을 천천히 걷다 보면 골목길이 나타난다. 이제 유유자적 걷는 법을 익혔으니 골목길로 들어서 보자.

성곽길 아래로 집집마다 담벼락이 나란히 이어진다. 수원 화성 북쪽에 위치한 장안문에 올라서면 사격형 모양의 버즘나무가 늘어선 정조로를 볼 수 있다. 바로 이곳에서 수원화성문화제의 하이라이트인 정조대왕 능행차가 열린다. 이 행사는 50년째 계속되고 있다. 시원스레 쭉 뻗은 버즘나무가 행진하듯 늘어선 모양을 장안문 위에서 확인해보자. 장안문 아래로 내려와 문을 통과하면 수원 화성의 정문인 장안문의 위엄을 목격할 수 있다.

장안문의 성곽길을 따라 걸으면 성곽 너머로 가을 바람에 흔들리는 억새를 볼 수 있다. 그리고 곧 '꽃을 찾고 버들을 따라 노닌다'는 뜻의 방화수류정을 만나게 된다. 방화수류정은 화성에서 가장 아름다운 정자로 손꼽히는 곳인데, 방화수류정에 올라 고개를 돌리면 그 옆에 있는 연못인 용연을 볼 수 있다. 아름다

운 용연 옆으로 방화수류정에서 쏟아져내리는 물줄기가 있고, 굽은 성곽길을 따라 버들이 바람에 흐늘거린다. 날이 좋으면 수원의 풍경도 한 눈에 담을 수 있다. 특히 저녁에 달이 떠오르면 이 모든 풍경이 어우러져 한 폭의 수묵화 같은 풍경이 눈앞에 펼쳐진다.

오랜 역사를 지닌 남수동

남수동은 조선시대 문헌에도 등장할 정도로 오랜 역사를 지닌 동네이다. 오랫동안 남수동을 지켜온 가게들이 이 동네의 역사를 보여준다. 가게는 기본 20년 이상 된 곳들이다. 솜을 넣고 이불을 만드는 솜틀집, 쇳조각을 녹여 만든 농기구가 걸려있는 철공소, 부모님의 가게를 이어받아 운영하는 금산인삼총판 등 많은 가게가 있다. 그런 가게들이 수원천변을 따라 늘어서 있다. 옛날 사람들에게는 익숙한 풍경이지만, 젊은 사람들에게는 옛날 흑백사진을 눈앞에 펼쳐놓은 듯 흥미롭게 다가온다.

시간여행이 가능한 음식

남수문 쪽으로 걷다 보면 맛있는 냄새가 지나가는 발걸음을 멈춰 세운다. 누구라도 저절로 고개를 돌리게 만드는 이곳은 매향교부터 이어지는 수원의 통닭거리다. 이 통닭거리는 전국적으로 유명해져서 평일과 주말 구별 없이 치킨과 맥주를 사랑하는 사람들이 즐겨찾는 곳이 되었다. 지친 퇴근길, 직장 동료들과 함께 하는 치킨에 맥주 한 잔은 하루의 피로를 씻어내기에 충분하다. 한여름, 야외에서 친구들과 함께 치맥을 배달시켜 무더위를 이겨내기도 하고, 스포츠 경기를 볼 때도 빠지지 않고 등장하는 단골 메뉴 또한 단연 치맥이다.

지금은 프랜차이즈 치킨집이 흔해졌고, 치킨의 맛과 종류도 다양해졌지만, 수원 통닭거리는 아직도 이곳만의 고유한 레시피와 맛을 자랑한다. 지금이야 치킨이 흔한 음식이지만, 1970~80년대에는 운동회나 소풍날 등 특별한 때에만 먹을 수 있었다. 수원 통닭거리는 그 옛날의 추억이 서린 통닭의 맛을 사람들에게 고스란히 전해주는 곳이다. 낯선 여행지에서의 고단한 밤을 수원 통닭거리의 치킨과 맥주로 마무리해보는 것은 어떨까? 아마도 추억 가득한 그 시절로 시간 여행을 떠날 수 있을지도 모른다.

추억의 시간을 간직한 곳을 따라가다, 수원천

아침 일찍 만나는 수원천의 풍경. 줄지어 늘어선 버드나무와 그 사이에 난 길을 양옆에 두고 수원천에 아침 물안개가 피어오른다. 낯설고 아름다운 풍경 아래 수원천을 따라 걷거나 뛰는 사람들의 모습이 익숙하다. 신선한 아침 공기를 가르며 길을 따라 가볍게 뛰어보자. 낯선 여행지 속에서 평범한 일상을 살아본다면 어느새 이곳은 나에게 의미있는 공간으로 기억될지도 모른다.

마음에 밭 갈기 좋은 전통찻집

남문 근처 작은 골목길에서 파란 대문과 오래된 간판이 내걸린 전통찻집 '시인과 농부'를 만날 수 있다. 조용히 나에게 집중하기 좋은 곳이다. 시를 짓는 시인과 농사를 짓는 농부의 마음이 서로 같다고 하여 '시인과 농부'라고 이름했다고 한다. 30여 년째 이곳에서 사람들을 맞이하고 있다. 그 세월 동안 사람들은 이곳에서 차를 마시며 마음에 밭을 갈았으리라.

팔달문 주변의 오래된 전통시장들

팔달문 주변에는 조선시대부터 있었던 전통시장이 모여 있다. 특히 팔달문시장과 영동시장은 왕이 만든 시장이라고 알려져 있다. 영동시장은 한복 점포 40여 곳이 모여 있어서 수원의 대표 한복 특화시장으로 유명하다. 미나리시장은 일대가 옛날에 미나리밭이어서 붙여진 이름이다. 미나리시장은 60년 전통의 도너츠 가게를 비롯해서 저렴한 가격으로 주전부리를 푸짐하게 먹을 수 있다. 순대가 유명한 지동시장은 100여 년 전 보부상들이 활동한 무대로 잘 알려져 있다. 이곳의 순대는 수원갈비와 함께 수원을 대표하는 음식으로 손꼽힌다. 순대타운에는 20여 개의 점포가 있어 다양한 순대맛을 즐길 수 있다. 가장 대중적이면서 서민적인 음식 중 하나인 순대와 떡볶이는 한 끼 식사로, 또는 간식으로 즐겨먹는 음식이다. 가게가 많아 어디로 가야 할지 당황하지 말자. 어떤 가게를 가도 그 집만의 특화된 레시피가 있으니 실패할 일은 없을 것이다.

반찬거리가 궁금하다면 못골시장으로 가 보자. 전형적인 동네시장인 이곳은 200m도 되지 않는 골목에 90여 개가 넘는 점포가 밀집해 있다. 싱싱한 과일부터 반찬, 정육, 생선, 약재류, 잡곡류 등 모든 식재료가 늘어서 있고, 그 옆에는 호떡, 순대, 떡볶이, 족발, 계란빵 등 요깃거리가 발걸음을 멈춰 세운다. 작은 시장이지만, 상인과 손님이 흥겨운 이야기를 주고받는 곳으로 유명하다.

가장 높은 곳, 노을빛 전망대

못골시장을 나와 조금 걸으면 낮은 동네 사이로 수원제일교회가 보인다. 수원제일교회는 한국전쟁 때 북에서 피난 온 사람들이 한 장 한 장 손수 돌을 얹어서 세웠다. 그 교회 종탑 위에 노을빛 전망대가 있다. 2012년 9월에 개관한 전망대는 수원시와 지역주민, 수원제일교회가 협력하여 보다 많은 사람에게 좋은 경치를 선사하기 위해 개관하였다. 노을빛 전망대에 오르기 위해서는 엘리베이터를 타고 7층까지 올라간 뒤, 13층까지는 걸어서 가야 한다. 점점 좁아지는 아슬아슬한 원형 계단을 한 번에 올라가기 힘들다고 느낄 때는 중간에 있는 전시 공간을 보면서 잠깐 숨을 돌리는 것도 좋겠다. 숨이 턱까지 찰 때쯤이면 13층 옥외전망대에 도착할 수 있다. 노을빛 전망대라는 이름을 생각한다면 일몰 시각에 맞춰 올라갈 것을 권한다. 팔달산의 저녁노을과 서장대의 일몰이 장관을 이룬다. 이 순간을 보기 위해 살아왔다는 생각이 들지도 모른다.

근대 골목 여행

수원천의 물길이 자연스레 흘러가듯이 수원천변을 중심으로 조선 정조시대 역사부터 굴곡진 근현대사의 흔적들을 볼 수 있다. 수원천변을 중심으로 늘어선 종로교회, 북수동성당, 전통창호공방, 아담스기념관, 밀러기념비, 동신교회 등의 근대건축물을 만나보자.

수원시립 아이파크미술관

여민각

❶ 종로교회

❷ 북수동성당

수원화성박물관

❸ 아담스기념관

오늘은 골목을 느리게 걷자

종로교회

종로교회는 1901년 이경숙이 땅과 집을 사고 전도를 시작하면서 본격적으로 출발하였다. 선교사가 15명의 소년들을 모아 학교를 설립하여 수원 지역의 중심 교회로 자리 잡아갔다. 1930년대 종로교회는 예배당 건축을 통해 더욱 발전하였고, 기숙사를 마련하여 사경회를 개최하는 등 교회의 교세 신장에 크게 기여하고, 사회계몽운동에도 일익을 담당하였다.

북수동성당

1932년에 건립된 북수동성당은 수원 최초의 고딕 양식 건물이다. 1978년 옛 성당을 철거하고, 1979년 4월 현재의 성당을 건립하였다. 2000년 9월에는 북수원성당과 그 일대가 카톨릭 순교 성지로 선포되기도 하였다. 1934년 성당 옆에 4년제 사립학교인 소화학술강습회를 세웠는데 이 학교는 1946년 소화국민학교가 되었다. 2007년 학교가 광교로 이전하면서 그 자리에 뽈리화랑이 들어섰다. 뽈리화랑은 1932년 옛 성당을 짓고 설립 했던 제4대 주임신부인 심응용 뽈리 데시데라토를 기념하기 위해 마련된 곳이다.

아담스기념관

구한말 수원에 일찍이 북감리교가 들어오면서 수원성과 남양을 중심으로 교회는 많은 교육기관을 설립하여 수원 사회의 근대화에 공헌하였다. 1923년 신축한 근대식 교사 아담스기념관은 그리스도의 박애정신을 바탕으로 한 미국의 아담스교회 신도들의 온정으로 신축된 교사다.

밀러기념비

미국인 여자 선교사 룰라 아델리아 밀러는 1907년 교장으로 부임하여 1937년에 정년퇴임할 때까지 학교의 발전을 위해서 열정과 재산을 다 바친 사람이다. 또한 밀러 교장은 수원의 갑부 양성관과 차유순이 중심이 된 '35주년 기념사업회'를 조직하고 모금 운동을 벌여 교사를 신축하기도 하였다. 1937년 개교기념식에서 밀러 교장의 30년 봉직을 기념하는 미라교장기념비(美羅敎長記念碑)를 제막하였다.

전통창호공방
(김순기 소목장)

전통 창호(창과 문)를 전문적으로 만드는 소목장인 김순기 씨는 경기도 무형문화재 제14호 소목장 기능보유자이다. 수원에서 가장 유명했던 목수 이규선의 목공소에서 기술을 연마했으며, 군 제대 후 북수동 중앙시장에 '중앙목공소'라는 자신 만의 목공소를 차렸다. 1980년대부터는 문화재 복원 사업에 전통 창호 제작자로 참여하여 소목장으로서 명성을 쌓았다. 1992년에는 경복궁 복원 공사에 참여하였고, 1997년부터 7년간 수원 화성행궁의 4천여 짝에 이르는 모든 창호가 그의 손을 거쳐 탄생했다. 1999년에는 북수동 목공소와 가까운 곳에 '김순기창호공방'을 차렸다. 대목과 잡부 한 명씩을 두고 김순기 씨가 직접 1년 동안 지은 공방은 3층 현대식 건물이다. 1층은 작업 공간으로, 2층과 3층은 살림집으로 꾸몄다.

동신교회

동신교회는 일본에서 선교를 시작한 플리머드 형제단에 동참한 일본인 노리마츠 마사야스가 수원시 매향동 116번지에 설립한 교회다. 노리마츠는 1900년 8월 9일 수원으로 이주하여, 성안 북수동에 초가집을 마련하고 이 집을 '성서강론소'로 삼아 선교 활동을 펼쳤다. 이후 건강의 악화로 1921년 2월 조선에 뼈를 묻어 달라는 유언을 남긴 채 일본 고향에서 생을 마감하였다. 1922년 동신교회 교인들은 일본에서 그의 유골을 가져와 교회 뜰에 무덤을 만들고 기념비를 건립하였다.

학교종이 땡땡땡

신풍초등학교

117년의 역사를 지닌 신풍초등학교.
그 곳은 언제나 신풍동의 중심이었습니다. 신풍동은 예나 지금이나 자연스럽고 소박한 느낌이 가득한 마을입니다. 삼삼오오 모여 학교를 오가는 아이들이 만들어내는 훈기로 온 마을은 활기를 띄었고, 골목 어귀마다 오랜 시간의 흔적이 고스란히 간직되어 있는 곳이죠.

● 봄이면 재잘거리는 아이들의 입학식이 있었고, 가을이면 운동회를 한다며 온 마을이 떠들썩했습니다. 추운 겨울은 방학을 맞는 아이들의 설렘만으로도 교실 안을 온통 온기로 넘실거리게 만들었습니다. ● 놀고 싶은 대로 놀 수 있었던 시절, 학교 운동장은 저물녘까지 아이들의 웃고 떠는 소리로 가득 찼고, 정신없이 놀던 아이들은 엄마의 꾸지람을 들으며 하나 둘 집으로 돌아갔습니다. ● 비로소 운동장에 고요가 찾아 왔습니다. 아이들이 모두 하교한 텅 빈 운동장이 유난히도 넓어 보입니다. 아이들에게 운동장은 그 어떤 우주보다 넓고 자유롭습니다. ● 골목이 자리하고 아이들이 뛰놀던 신풍동에서의 시간은 이렇게 저물어가지만 언제나처럼 새로운 시작을 꿈꾸고 새로운 변화를 그려봅니다. ● 이제 신풍초등학교는 또 다른 곳에서 새로운 시작을 준비하고 있습니다. 마을의 역사가 오래된 만큼, 하나 둘 떠나는 것들이 늘어납니다.

수원 다방기행

영동시장 2층에 있는 송학다방은 영동시장을 지으면서 오픈하여 이제 50년이 된 다방이다. 의자에 씌운 하얀 덮개에는 송학다방이란 파랑 글씨가 낡았지만 다방의 자존심처럼 깨끗하게 빛난다.

매향동에서 시작된, 75년의 역사를 자랑하는 다방으로 아침드라마를 촬영하기도 했다. 배달주문을 받는 몇 안 되는 다방 중 하나. TV에도 배달하는 모습이 방영된 곳.
운영시간: 8시 ~ 20시

동네에서 장안다방을 모르면 간첩. 장안동에서만 30년을 해 온 다방의 달인. 무궁화다방과 같이 배달주문을 받는 다방이다.

쌍화차 한 잔에 계란 노른자 동동 띄운, 구수한 맛이 일품인 다방. 마감시간 이후에 딱 들어가셔서, 손님들이 사장님을 공무원이라고 부른다.
운영시간: 10시 ~ 17시

최근에 다방을 인수받아 운영하고 있다. '석굴암'에서 이름을 바꾼 지 30년 가까이 된 다방. 요즘 어르신들 사이에서 핫플레이스라고..
운영시간: 10시 30분 ~ 19시

커피 300원 시절. 원두커피를 운영했던 세 군데 중 하나였던 다방. 20년 넘게 운영한 베테랑 사장님이다.
운영시간: 9시 ~ 20시

KBS에서 촬영하러 왔을 정도로 옛 모습을 고스란히 간직하고 있는 다방. 무려 32년 동안 자리를 지키고 계시는 사장님. 외국인이 한국 쌍화차 소문을 듣고 오가는 다방이다.
운영시간: 8시 30분 ~ 20시 30분

형용하기 어려운 달짝지근함
다방 레시피

무궁화 레시피
믹스커피

① 초*스 커피가루와 맥* 커피가루 섞어 커피 간을 맞춘다.
② 인삼가루를 넣어 맛의 풍미를 더한다.
③ 설탕 몇 스푼을 추가하여 달달

장안, 용 레시피
쌍화차

오미자/산수유/오디/블루베리/유자

① 몸에 좋은 과일 재료를 준비한다.
② 과일과 설탕을 배합하여 담구고 5년 간 기다린다.
③ 반드시 5년 담군 원액을 사용한다.
④ 물 첨가는 no! 원액으로 가득 붓고 얼음을 띄우면 건강 한 가득 냉과일차 등장이요~!

송학 레시피
냉과일차

① 쌍화차 액과 약재를 함께 팔팔 끓인다.
② 끓인 쌍화차 액에다 계피, 대추, 땅콩, 생강, 잣, 호박씨를 넣고 마저 끓인다.
③ 잔에는 따순 물을 부어 쌍화차를 기다린다.
④ 계란을 깨 흰자를 걸러내고 노른자를 준비한다.
⑤ 데워진 잔에 끓은 쌍화차를 붓고 노른자를 위에 띄우면 구수함이 묻어나는 쌍화차 탄생!

수 레시피
원두커피

① 시중에서 쓰는 원두가루 준비한다.
② 물을 팔팔 끓이고 천천히 식힌다.
③ 식은 물로 서서히 원두가루를 내리면 주방장의 정성 가득 원두커피 한 잔 대령이요~

※ 끓인 물로 바로 부으면 탄내가 난다.
　먹어 본 사람들은 알 것.
　커피를 잘 내리는 주방장이 있는
　카페만 가능한 레시피
　- 현재는 절판되었음.

한 권의 책이 된 사람들

지금과는 다른 모습이었던 골목 어귀의 시간들
그 때 그곳에 살았던 사람들의 기억의 조각을 찾아
시간의 기억의 모습을 그려봅니다.

사진자료: 수원문화원 제공

평범하고 사소한,
그러나 위대한 삶의 이야기를
한 권의 책으로 묶다.

한 권의 책이 된 사람들. 하나

어둠이 깊을수록
별은 빛나고

글 김위정

이병희

이병희 할머니 이야기

어둠이 깊을수록
별은 빛나고

어릴 적 외할머니는 밤에 손톱 깎는 걸 좋아하지 않으셨다. 혹시라도 그럴 땐 옛날이야기를 해주셨다. 함부로 버린 손톱을 쥐가 먹고 손톱 주인으로 둔갑해 진짜 주인을 쫓아내는 이야기였다. 믿지 않았으면서도 밤에 손톱을 깎게 되면 개수를 세어 신중하게 처리했다. 쥐가 사람이 되는 이야기나 물건에 혼이 실린다는 옛 이야기는 효험이 있다. 사람들 주변에서 함께 살아가는 것들을 함부로 여기지 못하게 한다. 오래 산 나무에게 부여되는 성스러움, 900년 묵은 여우가 사람이 되는 이야기들을 들으면서, 어떤 대상이 진실한 애정을 받는 사이에 일어나는 기적을 믿게 한다. 유목민 같은 삶을 사는 요즘 사람들은 꿈도 꾸기 어려운 일이다.

그러나 가끔 기적을 목격하기도 한다. 켜켜이 묵혀 있던 시간을 들어내고 사물들이 말을 걸어올 때이다. 그 물건들이 이야기를 시작할 때 우리는 시간을 지나 기억의 세상으로 초대받는다.

이병희 할머니의 집, 오랜 시간을 담다

남수동 비탈길을 담벼락 삼고 있는 이병희 할머니 댁은 길에서 보면 집이 없는 것 같다. 낡은 철제 대문이 집이 있음을 말하지만 빈 공터처럼 보일 뿐이다. 궁금함에 철제 대문을 열면, 사람의 정수리 같은 지붕이 먼저 들어온다. 대문에서 높은 계단 여덟 개 정도를 내려가야 웅크리듯 낮게 있는 몸채의 집을 만난다. 집채보다 한참 위에 있는 대문을 내려와 땅을 밟으면, 넓지 않지만 아늑해 보이는 마당이 있어 낡고 오래된 집을 정겹게 한다.

길 밖에서는 보이지 않다가 막상 문 안으로 들어서니 친근하게 사람을 끌어당긴다. 마당에는 이웃과 마음껏 나누어 먹어도 남을 만큼 열리는 살구, 매실, 감나무가 있다는 할머니 말씀에 꽃 피는 이 집의 봄이 궁금해진다. 지금은 비어 있는 개집의 주인도 많이 바뀌었다. 그 중 바보처럼 착했던 시베리안 허스키 이야기에 할머니의 입꼬리가 올라간다. 마당 한쪽, 한걸음에 올라가기에 높게 돋우어진 장독대도 정갈하다. 꽤 크고 넉넉한 품의 장독 두 개는 이병희 할머니의 시어머니가 물려준 것이고, 큰 장독대 절반 크기를 한 나머지 스무 개 가량의 장독들은 할머니 자녀에게 나눠줄 간장과 된장을 품고 있다.

시간이 흐르는 동안, 주변은 예전의 모습이 지워지고 버려지며 달라졌다. 이병희 할머니가 머무른 지 50여 년이 된 집은 그동안 여러 번의 작은 변신은 있었지만 세월의 변화에는 동참하지 못했다. 할머니 집은 여전히 오랜 시간의 흔적을 고스란히 담고 있다. 마치 아팠던 기억을 증명하는 흉터처럼.

할머니 집안에는 오랫동안 함께 살아온 물건들이 풍성하다. 시집올 때 받은 예단함, 100년이 넘은 태극기, 병풍을 만들고 싶어 모은 복권 박

시집올 때 가져온 예단함

스, 시간을 스스로 증명하는 녹슨 청동주걱, 아기자기하고 자잘한 사기로 만든 화병들, 지금은 보기 힘든 성냥갑, 투박하고 튼튼해 보이는 도끼빗, 어린 시절이 소환되는 꽃무늬 찬합과 법랑 냄비, 손으로 만든 것 같은 함지박, 곡식을 고르는 낡은 키, 담는 양이 풍성할 것 같은 대나무 소쿠리. 그 중 살림살이는 할머니가 시집와서 처음으로 장만했던 물건들이다. 여섯 명의 시동생에 자녀들, 공장에서 일하는 사람들까지, 혼자서 대식구의 끼니를 챙겼던 나무주걱과 국자, 뒤집개는 식당에서나 보던 것들이다.

새색시의 설레는 손길과 또 지난하고 고달픈 때 눈물로 어루만졌을 물건들이다. 때로는 기꺼운 헌신이, 때로는 간절한 염원이 담겼을 물건들이다. 할머니의 분신 같은 물건을 응시하는 맘이 시리다. 한 사람의 일생을 관통한 물건들이 한 눈에 봐도 삶의 여유가 묻어나지 않아 보여서일까?

그럼에도 불구하고 할머니의 물건들은 그 옛 이야기의 주인공이 되고 있다. 물건에서 어르신의 지난 시절의 이야기가 전해진다. 물건 속 멈

췄던 시간이 다시 흐른다. 할머니의 물건들이 말을 건다. 2016년 12월, 할머니의 여든 해를 이야기한다.

23살에 시집오다

"신랑과 외숙모가 왔다가 앞 나드리(나루) 나갔는데 내가 대문 밖에 나가 봤더니, 사람이 날씬한 기 이뻐. 어른들이 '신랑감이 어떠냐' 하고 그러길래, '사람은 이쁜데, 몸이 약해'. 인자 그랬더니, 어른들이 '이쁘면 됐다' 그러시더니, 금방 일주일 만에 사주단지가 오는 거예요. 그래 갖구 그냥 선 본 지 20일 만에 잔치했어요. 20일 만에 시집이라구 와서 이렇게 아들딸 나고 사네요."

그렇게 할머니는 23살에 새색시가 되었다. 친정서는 남부럽지 않게 곱게 자랐던 할머니의 시작은 그래도 풍요로웠다.
"홍콩 치마저고리 한 단하고, 본견 양단 치마저고리, 비로도(벨벳) 치마저고리, 금반지 닷 돈, 은비녀, 은귀개를 함으로 받았어요."

그 당시 군인이었던 남편은 주말에만 함께할 수 있었다. 시집에는 공장에 일 다니던 큰 시동생, 또 아래로 다섯 명의 시동생들이 있었다. 그때 막내 시동생은 다섯 살이었다. 결혼한 이듬해 이병희 할머니도 큰딸을 낳고, 2남 4녀의 자녀를 둔 엄마가 되었다. 새색시 시절 잠도 못 자고, 여섯 시동생 수발과 연년 생 아이들을 키우던 때를 기억하며 '그 수발을 다 어떻게 했나 몰라.' 하며 기억을 더듬었다. 식구들뿐 아니라 일하는 사람들까지 밥 해먹이고 버선까지 매일 세 아름을 기워대던 고단함이 있었지만, 바느질은 잘했다는 소리를 많이 들었다. 2월에 시집을 와서

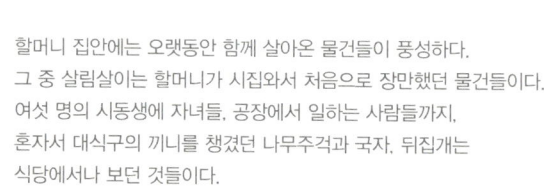

할머니 집안에는 오랫동안 함께 살아온 물건들이 풍성하다.
그 중 살림살이는 할머니가 시집와서 처음으로 장만했던 물건들이다.
여섯 명의 시동생에 자녀들, 공장에서 일하는 사람들까지,
혼자서 대식구의 끼니를 챙겼던 나무주걱과 국자, 뒤집개는
식당에서나 보던 것들이다.

한식 제사를 지내는 시아버님의 두루마기 바느질로 받았던 칭찬은 아직도 어르신을 웃게 한다. 매일 아침 5시에 일어나 12시가 되기 전에는 이불 속에 들어간 적 없이 최선을 다해 살아낸 자부심은 그렇게 피어났다.

어려운 시절을 살다

군인이었던 남편이 1년 후 제대를 하고 평택 미군부대 경비를 할 때까지 살림살이는 그래도 안정적이었다. 그러나 시아버님의 녹각공장이 4.19와 5.16의 혼란한 시절에 어려움이 닥쳤고, 남편도 평택 미군 부대에서 쫓겨나는 나쁜 상황이 겹쳤다.

"둘째 딸 낳고 굶기를 밥 먹듯 했어요. 산모가 2~3일 굶으니까 헛헛증이 났는지 방바닥 먼지를 쓸어서 입에 넣었대유."

"머리카락을 잘라서 팔아 갖구인저 보리쌀 한 말 사구, 연탄 10장 사 놓고. 신발이 코가 찢어졌어, 고무신이. 그래서 고무신 한 켤레 사 신구 그리구는 차비를 해가주구 친정에 갔어요. 친정에 갔더니 그냥 우리 딸이 깨구락지(개구리) 같았어. 먹지 못 해가주구 젖이 안 나와 갖구, 빼짝 말라서 팔다리가 배배 꼬였어유. 우리 아버지가 깜짝 놀래면서 애기를 이렇게 들고서 '얘가 사람이냐, 깨구락지냐' 그러시면서 눈물을 주루룩 흘리시더라구. 그때 애한테 그러는지 알지. 아버지가 우시는 줄 몰랐어. 그 생각을 하면 기가 막혀." 이야기하는 할머니의 목소리에 물기가 묻어 있다. 그때부터 이병희 할머니에게 먹고 사는 일은 거룩한 일상이었다. 생선장수, 메밀묵, 찹쌀떡 장사, 무당집 잡일, 병원과 학교 청소일, 전매청, 해물탕집, 서민병원 식당일, 관내 상수도, 공사 잡부 등 안 해본 일이 없이 닥치는 대로 일을 했다. 그렇게 번 돈은 시집 식구들과 아이들의 일용할 양식이 되어 주었다. 사흘을 굶은 시동생과 자녀들에게 밥을 먹이면 한동안 눈을 허옇게 뜨고 늘어졌다. 굶던 사람이 한꺼번에 너무 많이 먹으면 죽는다는 소리를 들어서 무서웠던 할머니는 방문을 두드리며 식구들을 일으켜 세웠다. 그렇게 밥 먹듯이 밥을 굶어도 '엄마 밥 줘.' 소리를 안 하던 착한 자녀들을 먹이는 일은 당신의 일생이 되었다.

먹고 사는 일의 거룩함으로도 극복되지 않던 불행

그러나 생각지도 못했던 자식을 둘이나 앞세운 일은 할머니에게 삶의 전투력을 잃어버리게 했다. 할머니의 셋째 딸 정화는 자신의 아이가 3살 때부터 17살이 될 때까지 뇌종양으로 무려 7번의 재수술을 받아야 하는 모진 삶을 견디는 중이었다. 그러다 딸 정화가 감기 몸살인 줄 알고 응급실에 들어갔는데, 갑자기 수술을 받아야 했다. 10명 중 1명 살리기 어려운 심장이 멈추는 병이라는 진단을 받고 20여 일 만에 갑자기 세상을 떠났다. 할머니의 막내아들은 8층에, 손녀는 6층에 입원해서 서로 고단한 삶을 견디고 있는 중이었다.

"셋째 딸 마지막 보러 오라지, 막내아들 수술 옮기라 하지, 셋째 딸 장례 치루라지, 비용 치루라지. 난, 어떤 걸 먼저 해야 옳아요."
얼굴을 묻고 오열하는 이병희 할머니를 그저 바라볼 수밖에 없는 나의 죄스러움은 사치였다. 셋째 딸을 보낸 지 1년 후였다. 쉰 살이 되도록 결혼도 못하고 골수암에 걸려 2년 동안 병원에 있던 막내아들 남한도 세상을 버렸다. 발목을 자르는 아픔까지 겪었지만, 끝내 병을 이기지

못했다. 방과 거실을 겸한 작은 집 화장실을 걸어가지 못하고 기어가던 아들이 갑자기 몸을 비틀면서 요동쳤고 병원으로 이송되는 중에 숨을 거두었다.

정신을 놓쳤다. 맨 정신으로 살 수가 없었다. 아들은 어디에도 있었다. 수시로 보였다. 길 가는 장애인을 봐도 가슴이 떨렸다. 장애인이 타고 다니는 전동차만 봐도 아들이 보였고, 아들 또래들만 지나가도 아들이 거기에 있었다. 가슴이 두근거려 살 수가 없었다. 무수한 어려움 속에서도 악에 받치니, 못할 일이 없었다던 할머니는 통나무처럼 쓰러졌다. 폭풍우처럼 휩쓸고 간 3년은 살아도 산 것이 아니었다. 미치지 않고는 살 수 없었던 폭풍우 속이었지만 또 다른 뜻밖의 길을 만났다. 23살에 시집와서 반백 년을 남수동에 살았지만 이웃들과 일상을 나누지 못한 이병희 할머니가 요즘 노인회관에 다니신다. 그동안 못 나누던 소소한 일상의 즐거움을 뒤늦게나마 맛보고 있다.

별이 깊을수록 어둠은 빛나고

동갑내기 남편에게 귀하게 대접받았다는 할머니는 첫아이와 둘째를 낳았을 때가 사는 동안 가장 행복했던 때라고 회상했다. 큰아들을 낳았을 때, 시아버님은 새벽 4시에 자는 시동생을 깨워 들녘에 나가 고추를 따오라고 시킬 정도로 성화셨다. 집안은 물론이고 동네가 들썩일 정도로 축복받던 시절이었다. 할머니 못지않게 무거운 삶의 무게를 함께 나누던 남편도 54살에 귀하고 귀한 아내를 지켜주지 못하고 떠났다. 실없는 소리로 자신을 위로하던 남편은 가끔 꿈에서나 볼 수 있는 사람이 되었다.

"복이 없어서 먹고 살기 고상(고생)을 많이 해서 그렇지. 뭐 먹고 사는 게, 사람 살자면 이런 일도 있고 저런 일도 있고."

"뭐 이루 이런 걸 어떻게 다 말을 해요. 발끝에서 하늘 끝까지 올라가도 못 다 얘기해, 그걸. 다 살은 얘기를."

"그러다 보니께, 지금은 이제 부자도 부럽지 않고 뭐 부러운 게 없어. 이만하믄 살 걸, 그렇게 그냥 자나 깨나 일만 하고 그냥."

할머니는 삶을 몸으로 일구었다. 그래서 뿌리가 튼튼하다. 삶을 몸으로 만나 바람에 흔들리지 않는 뿌리와 조화를 이루었다. 여든의 할머니 얼굴은 세월을 이긴 듯 밝다. 투박한 말솜씨지만 살아낸 모습으로 반짝인다. 밤하늘의 별은 짙은 어둠 속에서 더 뚜렷하게 반짝인다. 반짝이는 별을 보려면 충분한 어둠이 있어야 하는 게 비극이지만, 이병희 할머니 삶의 여정은 그래서 빛난다.

한 권의 책이 된 사람들. 둘

매향동이 나의 전부여

글 최은희

정옥선

골목박물관, 한 권의 책이 되다

정옥선 할머니 이야기

매향동이
나의 전부여

매향동 연무대 주차장 옆길을 따라가다 보면 2층 주택집이 보이고, 1층 길옆에는 송은부동산이 있다. 집도 오래되었지만, 부동산 간판도 세월의 흔적이 고스란히 보인다.
정옥선 할머니를 만나러 대문을 두드렸는데, 부동산 문을 열고 할머니가 고개를 내민다. 집에서 뵙고자 청했는데, 할머니는 부동산이 편하다고 할머니한테는 집 같은 부동산이라고 말씀하신다. 들어서니 네댓 평 좁다란 부동산이지만 아늑하다. 벽에 걸린 커다란 동네 지도가 정옥선 할머니의 생을 이어준 삶의 지도와 겹쳐 보인다.

"우리 집으로 들어와서 있다가 나갈라 그러다가, 애들도 이제 달라는 애들도 없더라고. 여기서 그냥 세도 안 나가고 있자하고. 그러다 보니까 (동네) 마실방이 됐어. 하루하루가 즐거워요."

'부동산'은 70년대 후반 복덕방이란 이름이 바뀐 것이다. 명칭이 바뀐 배경에는 산업화로 전국에 부동산 투기 붐이 일 때 이른바 '복부인' 사건들과 사회 악성 문제가 부각되면서 1984년에 '부동산중개업법'으로 복덕방은 사라지고 부동산중개업으로 간판을 바꿔 달았다고 한다. 정옥선 할머니는 부동산중개업법이 발표된 1984년 그해에 '송은부동산'이란 이름으로 페인트가게에서 월세로 시작했다고 한다. 지금은 어엿한 부동산 대표이면서 매향동 통장으로, 지역 일꾼으로 활동하고 계신다.

강화도 처녀, 남편을 만나고 결혼을 하다

1948년 강화도에서 태어나 어린 시절을 보낸 정옥선 할머니는 지금 보아도 고우시다. 빨간 스웨터에 멋스런 두건과 짙지 않은 화장, 그리고 얄팍한 스카프를 두른 할머니의 모습은 상냥한 동네 젊은 할머니의 모습이다. 아흔이 되신 친정어머니와 남동생 셋이서 이달에 일본 여행을 가시기로 했다면서 설레어 하는 모습은 여전히 소녀 같다.

어린 시절 할머니는 세상의 어려움이나 가난, 전쟁의 고통은 겪지 않으셨다. 그녀의 주름 속에서 해방과 전쟁의 근대사는 비껴간 듯하다. 1970년대 농촌 개발과 농지 정리가 한창일 때, 할머니는 인생의 반려자 남편을 만나게 된다. 경기도청 소속으로 중장비로 농지정리 일을 하고 있었던 남편이 강화도에서 일하던 중에 정옥선 할머니에게 연애를 걸어왔다. 남편의 구애편지에 마음을 주고 편지가 쌓이면서 사랑도 쌓이게 되었다.

"처음에 동네 농지정리를 했어요. 시골에 논들을. 옛날에 다랑치논 이런 게 있었잖아. 농지정리를 하는데, 수원에서 어떤 사람이 왔대. 근데

예쁘게 만나 함께 살았던 남편과는 싸운 적이 없을 정도로
사이가 좋았다. 10여 년을 아프던 남편이 어느 날
시골 고향 산에 다녀오면서 갖고 온 향나무로 나막신을 깎기 시작했다.
깎으면서 발에 맞는지 신겨보고 또 신겨보고 했다.

어느 날 보니까 사진이 없어졌어. 옛날에 시골은 사진각구라고 다 꽂아놓잖아요. 보니까 내 사진이 없어. 어머 이게 어떻게 된 건가 그랬더니, 우리 남동생이 그 사람을 준 거야. 니 누나 사진 가져와라 그랬대. 그래서 갖다 준 거야. 근데 편지가 한 20통이 오더라고. 근데 나는 그때까지도 뭐 좋은 맘도 없었고, 어떤 사람인지도 모르고. 그런데 우리 친정 엄마가 '얘 지금 애들 오는 거 답변 좀 못 해주는 것도 바보다. 좀 해봐라.' 그러시더라고. 그래서 시작했지. 만나는 건 시골이라 밥을 이고 나가면 들에서 만나고. 옆 동네가 외숙모 친정인데 거기 숙소를 정해놓고, 일단 우리 아저씨는 가끔 오고, 거기 있다가 보고 그랬나봐."

수십 통의 편지가 오갔고, 사랑은 커갔고, 결혼을 하게 되었다. 1971년 결혼 후, 강화도를 떠나 남편과 살림을 시작한 곳이 바로 수원 남수동이다. 남수동에서 시어른들을 모시고 조카도 돌보며 3년의 시집살이를 했다. 시어머니도 잘 해주셨고 조카들도 보살필 수 있어서 좋았다고 한다. 힘들었지만 나쁜 기억은 없다는 말에 정말 그럴까 싶어 다시 되물어도 지나간 것들은 다 좋은 것으로만 기억하고자 하는 대답에서 할머니의 심성이 느껴졌다. 둘째 아이를 임신했을 때 분가해 매향동 전셋집으로 옮겼다. 주인댁의 좋은 집도 부러웠고, 아이들이 주인댁 아이들과 싸움이 잦아지다 보니 세입자의 한을 느꼈다. 싸우며 크는 것이 아이들이라고 하지만 당시에는 많이 속상했고 못 가진 것에 대한 설움이 컸다. 그래서 할머니의 가장 행복했던 기억은 2년의 전세살이를 끝내고 지금 이 집을 장만하여 이사 와서 살던 순간이다.

"스물넷이었나. 그때는 진짜, 이쪽 동네가 우상이었어요. 왜냐하면 우리 딸 낳아서 업고, 저 성 북을 이렇게 걸으면, '와 나는 언제 이런 집을 사 보나?' 그런 마음을 갖고, 우리 딸 업고 성 있잖아요, 거길 걷고 그랬어."

생계를 이어준 송은부동산

할머니의 무탈한 삶을 누군가 시기라도 한 것일까? 2남 1녀를 두고, 애틋한 남편이 조금씩 아프기 시작했다. 그때부터 할머니는 생활비를 벌어야 했고 악착같이 살았다. 다만, 아이들이 사춘기 때라 그게 제일 걱정이었지만 다행히 잘 커주었다.
부동산은 10년을 아팠던 남편의 벌이가 없으니 궁여지책으로 시작했다. 1984년도부터 시작한 부동산은 하루하루 자라는 아이들을 데리고 할 수 있는 유일한 일이었다. 열심히 발품 팔고, 부지런하면 근근이 반찬값에 도움이 되었다. 다행히 당시 매향동은 개발로 인해 구획이 잘 정비되어서 거래가 곧잘 되는 동네였다. 덕분에 아이들을 데리고 생활을 이어나갈 수 있었다. 그래도 어려울 때가 왜 없었겠는가. 자식 둘의 대학 등록금 마련을 코앞에 두고, 믿었던 이웃의 변심에 계약이 무산되어 그 설움에 이불을 쓰고 엉엉 소리 내어 울었던 기억이 서럽게 남아 있다.

"저 아래서 (복덕방) 할 때, 여기 쪽방에서 동네 아줌마들이 고스톱을 쳤어. 내가 몇날 며칠 깎고 어떻게 해가지고 계약하자는 답을 들었어. 좋아가지고 인제 내일 몇 시에 계약하자고 하니까, 딴 데서 하고 오시더라고. 근데 그 분이 하시는 말씀이, 그때 '여기 우리 통에 통장 하시던 분, 손○○ 처가 거기 드나들어?' 그러시더라고. 그 아줌마가 고스톱 치면서 나 하는 걸 다 들었나봐. 그 뒷집이 부동산을 했는데, 거기

남편이 손수 깎아준 나막신

다가 알려준 거야. 그래서 하룻밤 사이에 이 집주인 아저씨를 술을 잡숫게 해가지고 한 거야. 그걸 알고는 너무 서러웠어, 난. 그래가지고 그 때, 그 아줌마한테 '아줌마, 그럴 수가 있어요?' 그리고는 울음이 터질라 그래. 그래서 집으로 들어왔어. 그때 솜이불 써봤네. 누가 들을까봐 솜이불을 뒤집어쓰고 너무 울었어. 그때가 제일 서러웠던 거 같애. 믿었던 사람인데."

남편의 사랑, 나막신에 담다

예쁘게 만나 함께 살았던 남편과는 싸운 적이 없을 정도로 사이가 좋았다. 10여 년을 아프던 남편이 어느 날 시골 고향 산에 다녀오면서 갖고 온 향나무로 나막신을 깎기 시작했다. 깎으면서 발에 맞는지 신겨보고 또 신겨보고 했다. 향냄새가 가득했고 그때는 그 모습이 싫지 않았다.

"연도 수는 모르겠네. 시골 고향 산에 갔다 오더니, 이게 은행나무로 했나 봐요. 은행나무라던가, 향나무라던가, 이거 깎을 때 향내 났다 진짜. 그러더니 내 발에 맞춰서 한대. 깎다가 신어보라 그러고, 깎다가 신어보라 그러고. 신어보진 않았어. 깎을 때만 신어봤지. (실제로 신지는) 못 하지. 아까워. 어떻게 생각하면 도망가지 말고 신으라고 깎아놨나, 그런 생각도 다 들었지."

서른 후반의 아픈 남편은 무슨 생각을 했을까? 가장으로서 아이들이 걱정되고, 고생하는 아내가 안쓰러웠던 것일까? 아니면 아직 다하지 못한 부부의 정이 못내 서운했던 것일까? 며칠 밤을 나막신을 깎으며 아내의 발에 맞추어 보고 또 깎으며 맞추어 보던 그 시간들을 아내에게 선물하고 싶었던 걸까. 남편의 못다 한 사랑을 나막신에 담아서 고이고이 간직하고 싶었던 걸까?

앞마당에 곧게 자란 키 큰 나무가 보인다. 할머니는 오래전에 남편이 심어 놓은 향나무라고 한다. 마흔의 나이에 혼자가 된 후 30년이 지났지만, 아직도 할아버지 이야기를 하는 할머니의 눈가는 눈물로 젖어 있다. 할아버지의 이야기를 하는 한 마디 한 마디에 그리움이 묻어난다. 할아버지는 할머니에 대한 사랑을 나막신에 담고, 나막신을 만든 것과 같은 향나무 한 그루를 마당에 남겨두었다. 할아버지는 홀로 남을 할머니를 위해 자신의 빈자리를 그렇게 채워두시고 떠나셨던 걸까?

매향동, 나의 전부

정옥선 할머니는 스스로 일흔 해 동안 평범하게 살았다고 말한다. 하지만 그녀의 이야기 속에는 그 '평범'을 지키기 위해 견디고 참아내야 했던 일상들이 담겨있다. 그리고 그 모든 일상을 매향동이 담고 있다. 할

한 권의 책이 된 사람들

골목박물관, 한 권의 책이 되다

머니의 아름답고도 슬픈 사랑과 소중한 아이들과의 시간처럼 할머니의 많은 시간을 담은 곳이다. 어쩌면 앞으로도 매향동을 떠나지 못할 거라는 아들의 말이 맞을 거다.

"동네가 나를 살린 거지. 우리 애들을 살리고. 지지난 일요일 날 우리 아들하고 병원 다녀오면서 거기도 많이 변했어, 김포 이쪽도. 조그만 집도 있고 큰 집도 있고, 조립식으로 지어도 이쁘더라고. '저런 집 하나 있으면 쪼그만 거, 커도 필요 없고, 쪼그만 거 하나 짓고 살면 좋겠다.' 이랬더니 '엄마는 매향동 못 떠나실 걸요?' 그러더라고. 나는 고향보다도 더 오래 살았고, 뭐라 그럴까. 나한테는 전부야. 나는, 우리 집이 고층 아파트 들어오고 할 위치도 아니지만, 그런 것도 안 바라고, 동네 아기자기하게 꾸미고 살고 싶었어."

매향동은 송은부동산이 있게 했고, 아이들이 자라게 했고, 할머니를 살게 했다. 그리고 이제는 동네 사랑방이 된 부동산에서 그냥저냥 이웃 사람들과 어울리면서 지내니 좋지 않은가. 이제는 오래된 주택 동네라 계약 건은 거의 없지만 그래도 적적하지 않아 좋다. 매향동은 할머니의 삶을 함께 견디고 지켜준 소중한 곳, 전부이다.

한 권의 책이 된 사람들. 셋

55년 된 구먹 난 양은솥, 낡음의 가치를 담다

글 이형희

조영호 할아버지 이야기

55년 된 구멍 난 양은솥, 낡음의 가치를 담다

부부가 33년째 신풍동에서 살고 있는 집, 집에 빗물 항아리가 설치되어 있어 빗물항아리 댁으로 불리고 있는 집, 조영호 할아버지 댁을 찾았다.

험하고 오래된 삶을 사는 법, 아끼는 것

"낼 모레면 84세에요. 우리가 수원에는 83년도에 내려왔지, 서울서 살다가, 몇 년이야? 33년 됐지. 여기서(수원 행궁동) 장사 쪼끔 하다가 이제 나이가 먹어서 그만뒀어요, 여기서 장사 18년 동안에 했지. 그래서 여기 와서 계속 살았어. 요 위에서 장사했거든요, 성광슈퍼라구 있었어요. 거기서 나이 먹으니까 인제 힘들구 그래서 그만두구 여기와서 계속 살구 있는 거죠."

물건 하나를 쉽게 버리지 못한다. 아내도 마찬가지다.
어려운 생활 속에서도 절대 외상을 지는 일 없이 살림을 꾸려 왔다.
"우리는 뭐든지 막 버리질 못해.
그래 저런 것두 (구멍 난 양은솥을 가리키며)
어지간한 사람 같으면 벌써 갖다가 쓰레기통에 내버렸지."

조영호 할아버지는 젊은 시절 서울에서 직장생활을 하다가 50세에 수원으로 왔다. 화성시 봉담이 고향인 할아버지는 8남매 중 둘째로 태어났으나, 6.25 전쟁으로 아버님과 형님을 잃고는 장남 노릇을 했다. 고향에서 어머니를 모시고 동생들을 돌보며 어렵게 살다가, 1962년도에 이불보따리 하나만 가지고 서울 영등포로 올라와 부엌도 없는 곳에서 타향살이를 시작했다.

그렇게 어려운 삶을 살다보니 생활력이 몸에 배인 탓일까? 지금도 물건 하나를 쉽게 버리지 못한다. 아내도 마찬가지다. 어려운 생활 속에서도 절대 외상을 지는 일 없이 살림을 꾸려 왔다.

이제는 40년이 넘은 괘종시계 하나를 사기 위해 뜨개질을 하고, 생활비를 아껴 곗돈을 부었다. 오래되어도 시간은 정확하게 울리는 괘종시계를 보며 할아버지는 할머니 자랑을 한다.

"우리 집사람은 월급 갖다 주면, (바닥에 긴 선을 그으며) 여기부터 여기까지 돈을 꺼내 가꾸 쭉 이렇게 늘어놔. 이건 뭐 수도세요, 전기세요, 애들 학비요. 이렇게 해가꾸 다문 백 원이구, 천 원이구 남아야 시장가서 채소라도 사다 먹구 그러지. 외상질은 절대 안 하는 사람이야. 없으면 안 먹지. 그거를 가서 외상 주구 외상 먹으면, 또 그 다음에 월급타서 외상 먹어야 돼. 그래서 그런 생활을 한 거여, 우리는. 그래서 우리는 뭐든지 막 버리질 못해. 그래 저런 것두 (구멍 난 양은솥을 가르키며) 어지간한 사람 같으면 벌써 갖다가 쓰레기통에 내버렸지. 그러니까 지금 사람들두 이렇게 몸에 배어서 아껴야 그게 좀 생활이 윤택해지는데. 지금 사람들은 뭐 조금만 뚫어지면 버리고 또 새로 사구, 돈을 그만큼 잘 버니까 그러는데. 아껴야 돼, 아껴야."

아내의 보물 양은솥

낡은 것들은 소중하다

1962년도 영등포 시장에서 산 커다란 양은솥은 할머니에게 새 솥보다 소중하고 잘 쓰는 물건이다. 밥도 하고 찌개도 끓이고 나물 삶을 때도 이리저리 유용하게 쓰던 솥은 연탄불에도 끄떡없었다. 올해로 55년이나 된 솥은 자주, 그리고 오래 사용하다 보니 바닥을 땜질하고 또 땜질해서 사용했다. 함께 늙어가는 솥이어서 할머니가 무척이나 아끼셨다.

"좋은 일에 쓰신다구 그래서. 아무 저기도 없는 건데. 오래된 거 찾는다는데, 우리집에는 오래된 거는 이거 밖에 없다구 그랬더니 그게 좋은 거라고 그걸 가져 가셨거든요. 근데 이게 진짜 집에서 아주, 마나님한테는 큰 보물이었는데. 허허. 채소구 뭐구 사다놓으면 여기다 삶어갖구. 이게 양은솥이 얇으니까 빨리 끓거든요. 그래서 이게 아주 보물이지. 지금도 쓸 적마다 이거 생각을 해. 그래서 이거 못 버리구 있는 거잖어요. 내가 벌써 버리라구 그랬는데, 이게 때워서 양은 테프로 붙이구 붙이구 그러면 또 몇 번 쓰구. 그러니까 다른 사람 같으면 벌써 버렸죠. 버려도 벌써 버려, 엄청 버렸지."

 할머니 할아버지의 양은솥은 한 사람의 일생만큼 긴 55년 동안 국을 삶고, 나물을 삶아내고, 밥을 해냈다. 부부가 아이들을 먹여 살리기 위해 온전히 시간과 육체를 바친 것처럼 그렇게 뜨겁게 자신의 일을 해냈다. 그렇게 할머니의 양은솥을 보고 있노라니 이 오래된 것은 낡음이 전부가 아니다 싶다. 낡음은 버려질 것이 아니라 희생이고, 사랑이며, 누군가에게 받아야 할 존경이 된다.

그래도 삶은 이어진다

이 집은 집주인도 물건도 모두 나이를 먹을 만큼 먹었지만, 유일하게 어린 새 생명의 파릇함이 넘치는 공간이 있다. 할아버지네 마당에는 깜짝 놀랄 정도로 화분이 많다. 마당뿐 아니라 담벼락에도 옥상에도 놓인 3백여 개의 크고 작은 화분들에서 꽃과 채소가 살아간다. 조영호 할아버지는 봄마다 작은 화분에는 꽃을 심고, 큰 화분에는 채소를 가꾼다. 이 화분들에 고추 백여 포기를 심어서 가을에는 고춧가루 한 말을 만들어 낸다고 하니 도시 농부라고 해도 손색이 없다. 수돗물이 너무 아까워서 비가 오면 그릇들을 내놓아 빗물을 받아 화분에 물을 주었는데, 최근에 수원시에서 빗물항아리를 설치해주니 아주 요긴하게 잘 쓰고 있다. 또 지난 환경의 날에는 수원시로부터 환경의 달인상도 받았다며 즐거워한다. 할아버지는 화분 이야기를 한참 하시다가도 집안에 쌓인 오랜 물건들 이야기로 이어진다.

"돌아댕기다 보면 막대기두 좀 반듯하구 그런 거 내버린 거 있잖아. 그런 거 갔다가 고추 심으면 고추 막대기라두 뻗쳐노면 그게 사용이 되더라구. 그래서 그게 몸에 배었어, 아주. 그래서 우리 집은 버릴 거 지금 엄청 많어. 우리 죽구 나면 우리 아들들이 이거 버릴래면 몇 트럭, 몇 차 끌어내야 돼, 진짜."

조영호 할아버지는 중매로 할머니를 만나서 아들 둘에 딸 하나를 두었다. 자녀들 이야기를 하는 할아버지의 목소리가 한층 밝아진다. 하지만 멀리 창원에 있는 아들이 마치 외국에 있는 것과 같다고 하신다. 사랑하는 사람을 자주 보지 못하는 할아버지의 아쉬움을 보며 사랑은 내리 사랑뿐인가 하는 생각이 들었다. 주어진 생활 속에서 바쁘다는 이유로 부모님보다는 다른 일을 우선으로 살아가는 나 자신을 돌아보게 된다. '우리에게 뭣이 중한가?' 라는 물음이 가슴을 때린다.

가난한 세상을 만나서 무엇이든 쉽게 버릴 수가 없었던 세대, 밥을 굶고 한겨울이면 방안에 얼음이 어는 집에서 살아가면서도 자식들 공부를 우선시하던 그 세대가 이제는 황혼기에 접어들었다. 정녕 자신은 배울 기회가 없어서 욕심조차도 부릴 수 없이 주어진 대로 살아오셨다는 할아버지의 이야기를 들으며 우리 사회가 이제 늙었다고, 사회에서 필요 없다고, 그리고 노인의 노후는 자식들만의 몫이라고만 할 수는 없는 일이라는 생각이 들었다.

"그런 욕심은 없이 산 사람이에요. 원체 그냥 가난하게 살아서. 뭐 젊었어두 뭐 가진 게 있어야 맘대루 움직이구 그러지. 난 공부두 못했어요. 뭐 욕심낼래두 가진 게 있구 뭘 배운 게 있어야 어디 가서 뭐 어쩌구 저쩌구 해지. 내가 내 자신을 산 걸 생각을 해두 남한테 못된 짓 안하구 내 양심껏 살아왔으니까 그냥 그걸루 난 만족한 거지. 못된 짓 해

골목박물관, 한 권의 책이 되다

갖구 돈 벌어서 그거 뭘 하겠어요. 내 주어진 복대루 살구 마는 거지. 그래 지금두 아무 후회 없어요."

반짝이던 많은 것들은 시간이 지나면서 어느 순간 그 빛이 약해진다. 그것이 물건이든, 사람이든. 하지만 그것들이 빛을 잃었다고 해서, 그래서 조금 불편해졌다고 해서 가치까지 사라지는 것은 아니다. 반짝임은 깊음으로 대체되고, 또 누군가에게 감동을 주기도 한다. 마치 할아버지, 할머니의 오래된 물건들과 인생 이야기처럼.

한 권의 책이 된 사람들. 넷

수원 팔달로의 터줏대감
신영제분소

글 최미숙

강정희 할머니 이야기

수원 팔달로의 터줏대감
신영제분소

수원천을 따라서 늘어선 통닭거리를 지나 좁은 상가 골목으로 들어서면 아담한 모양의 빨간 벽돌로 이루어진 2층 건물이 보인다. 신영제분이라는 글씨가 쓰여 있는 건물 1층의 미닫이 유리문을 열고 들어서면 떡을 담는 나무판에 가래떡이 일렬로 늘어서서 곳곳에 쌓여 있다. 떡을 만드는 기계와 켜켜이 쌓여 있는 쌀가마가 제분소의 역사를 보여주는 듯하다.

세월의 흔적이 구석구석 묻어 있는 이 조용하고 소박한 제분소에 40년이 넘도록 그 자리를 지키는 한 분이 계시다. 바로 신영제분소의 안주인 강정희 어머님이다. 환한 미소로 우리를 반겨주신 강정희 어머니는 살아오신 인생이 별 거 없다며 한 자리에 서 제분소를 오래도록 한 것이 무슨 인터뷰할 내용이냐며 손사래를 치신다. 제분소와 함께 오랜 세월 팔달로를 지켜 주신 어머니의 순수한 맘이 느껴진다.

신영제분이라는 글씨가 쓰여 있는
건물 1층의 미닫이 유리문을 열고 들어서면
떡을 담는 나무판에 가래떡이 일렬로 늘어서서 곳곳에 쌓여 있다.
떡을 만드는 기계와 켜켜이 쌓여 있는 쌀가마가
제분소의 역사를 보여주는 듯하다.

신영제분소의 맏며느리 자리에 시집오다

1949년 화성 정남에서 다섯 남매 중 막내딸로 태어나 귀여움을 독차지하며 살다 스물다섯의 나이에 사남매 집안의 맏며느리로 시집을 왔다.

"맞선보고 결혼했지. 부모님이 괜찮다고 하니까 그냥 따라서 한 거지. 떡집 하니까 밥은 굶지 않겠다 싶어 아들 하나, 딸 셋 낳아서 자식 키우면서 살았지."

그녀의 시어머니와 함께한 세월을 이야기할 때는 눈가에 미소가 번진다. 시집살이는 고되다고 하지만 강정희 어머니의 시어머니에 대한 애정은 남달랐다.

"시누이 둘에, 시동생 하나였지. 시어머님이 워낙 부지런하셔서 도움을 많이 받고 살았지. 하도 오래 같이 살아서 뭐라고 해야 하나? 너무 편안한 거지. 수십 년을 살았으니까. 그래도 어렵긴 어려워. 시어머님이 잘해주셔도 부모님이다 보니 신경을 많이 써야 하지. 항상 (며느리) 자랑을 하셨어. 다른 분들한테. 내 복이다 생각해요. 잘 못 해도 잘한다고 하시니까. 시어머니가 참 부지런하시고 일도 잘하시고, 못하는 게 없으시고. 아주 똑똑하셔. 돌아가시기 1년 전에도 물건도 파시구, 계산도 다 하시구, 새벽에도 절에 다니시구. 넘어지셔서 다치시기 전까지 다니셨으니까. 엄청 부지런하셨어. 새벽 4시나 4시 반이면 벌써 일어나셨으니까."

한말댓박

쫄면도 유명하고, 떡도 잘 만든다

신영제분소는 강정희 어머니의 젊은 시절을 함께 보낸 삶이자 인생이다. 스물다섯에 시집 온 후 환갑이 훌쩍 지난 지금까지 신영제분소를 운영하고 있는 어머니는 제분소의 역사 이야기를 담담하게 이어나간다.

"방앗간 터는 50년도 넘었을 거야. 어머니하고 남편이 내가 시집오기 전부터 하고 있었으니까. 직원들은 쉬어도 우리는 쉬는 날이 없었어. 30년 이상 그렇게 했을 거야. 처음에는 동네 지붕이 다 쓰레트(슬레이트)였지. 우리도 쓰레트 지붕이었다가 고쳤지. 이 층은 살림집이고, 일 층은 제분소, 삼층은 직원들이 국수 만들어요. 오전에는 여기서(일 층) 일 하고 오후에는 거기서(삼 층) 일하고. 10년 전인가 삼성전자 쪽 상가에 물건 들어갈 때는 차 4대를 가지고 했어. 안양, 남양 이런 데까지 배달했어. 차로 납품을 해 주었어. 지금은 중상인들이 와서 가져가. 지금은 직원이 세 명이야. 요즈음 다들 장사들이 안 되니까."

신영제분소는 조그마한 제분소로 시작해서 현재는 국수와 쫄면, 가래떡을 주로 생산하고 있다. 지금은 신영식품으로 상호를 바꿨지만 여전히 제분소로 유명하다.

"지금은 쫄면이랑 국수가 많이 나가지만, 겨울이 되면 떡이 많이 나가고 여름에는 냉면이 많이 나가. 식당에 납품하는 떡볶이 떡이랑 떡국떡이 많이 나가고. 제일 바쁠 때는 구정이 임박해서지. 그때는 손님들이 주문한 떡이 몰리니까 바쁘지. 예전에는 일이 더 많았어. 개인 손님이 많았으니까."

신영제분소의 대표적인 상품인 쫄면에 대한 자랑이 계속 이어진다.

"우리 쫄면이 유명해요. 그거 하나만 이야기할게. 쫄면을 수원 북문의 유명한 보영만두에 납품해요. 체인점에 모두 납품해."

개인적으로 떡을 사러 서울, 용인 등에서 오시는 단골손님에 대한 이야기를 하실 때는 눈이 반짝반짝 빛난다.

"물건이 좋다고 서울에서 일부러 오시는 분들. 그런 분들이 있죠. 서울에서 냉면 사러 오는 분들도 계셔. 국수 사러 용인, 오산, 남양에서 일부러 오셔. 먼 데서 개인들이 오셔서 사가시는 거야. 공장장이 국수, 쫄면을 정말 잘 만들어. 떡도 잘 만들어. 자부심은 갖고 있어. 물건 하나는 정말 잘 만들어."

이제는 세월이 흘러 매출이 예전 같지는 않지만 아직도 제분소를 운영할 수 있는 원동력은 제분소와 함께한 직원들 덕분이라고 한다. 막내 직원이 경력 5년으로 공장장님과는 40년의 인연을 함께 이어오고 있다. "우리 공장장이 40년이 되었어요. 공장장이 똑같은 방식으로 만드니까 물건에 차질이 없어요. 공장장이 국수도 만들고 떡도 하고 다 만들어. 40년을 같이 살았으면, 허허허. 대단한 사람이야. 성실해. 그 밑에 있는 사람도 35년을 같이 했어. 맨 마지막에 온 사람이 4~5년 됐나? 이렇게 세 분이서 함께 일해."

비울 수 없는 자리, 하지만 부재중이었던 엄마의 자리

휴가를 드린다면 어디로 가고 싶냐는 질문에 담담하게 여행을 가고 싶다고 하신다. 하루도 쉬지 않고 떡과 쫄면, 냉면 등을 만들어 내느라 여행 한번 떠나지 못하셨지만 후회는 없다고 하신다. 최근 들어 친오빠와 함께 떠난 제부도 여행이 너무 좋았다며 웃는 강정희 어머니의 얼굴이 환하게 밝아진다.

"여행가는 게 제일 좋아. 높은 산 말고 수풀이 있는 곳. 여행을 가보지 않아서 어디가 좋은지 몰라. 친구들하고 여행을 가는 게 제일 좋은데 갈 기회가 없었어. 여기를 떠날 수 없으니까."

가장 아쉬운 것이 있다면 제분소가 항상 바빠서 아이들 운동회나 소풍을 챙겨주지도 못 하고, 여러모로 세심하게 신경써주지 못한 짓이었다. 그러나 아이들은 어머니의 바람을 아는지 반듯하게 잘 자라 주었다. 고등학교 선생님으로 재직하고 있는 큰딸을 제외하고, 나머지 자녀들은 훌륭한 배필을 만나 가정을 꾸리고 잘 살고 있다.

"아이들 모두 남창초등학교 다녔지. 너무나 바빠서 아이들 키울 때 제대로 못 돌봤어. 모유수유 할 때만 아이들 보고, 오로지 일하느라고… 그래도 잘 자라 주었어. 다 대학 나오고 제 몫을 해주고 있어서 다행이야. 이 환경에서 대학 나온 것만 해도 다행이라고 생각해. 시끄럽고 직원이 버글버글 댔거든. 전에는 직원이 10명도 넘었거든. 일하느라 바빠서 애들 챙기지도 못했어. 각자 다 잘 자랐어."

번창했던 팔달로, 시간이 흐르다

인터뷰 도중, 노인정의 회장님이 떡을 맞추러 신영제분소에 들렀다. 회장님은 어딜 가도 신영제분소 것보다 맛있는 떡은 없단다. 그렇게 회장님은 노인정 어르신들께 대접해 드릴 가래떡을 주문하시곤 자리를 떠났다. 종종 근처 상가의 상인들도 간식거리로 가래떡을 사러 신영제분을 들른다. 한때 이곳도 번창한 곳이었으나, 점차 경제난으로 팔달로를 지키던 많은 상가들이 문을 닫고 다른 곳으로 이사했다. 그럼에도 불구하고 신영제분과 강정희 어머님은 팔달로를 여전히 지키고 있다.

"천변 쪽으로 가게들이 있었는데 없어졌어. 가구점들이 많았는데, 전부 떠나고 없어졌지. 백설상회라고 방앗간이 하나 있었는데, 거기도 오래전에 없어졌어. 지금은 떡을 떡집에서 사먹으니까. 많이 변했지. 46년 이웃이었던 이는 병원에 계셔. 평생 이웃이었던 분이. 다들 다른 데로 이사가고, 돌아가시고 해서 남은 사람이 없어. 저기 옆으로 말동무하는 언니가 하나 있었어. 멀리 이사 갔지만. 나는 여기서 나가지도 못 하구 해서 아는 사람이 없어. 항상 가게를 지키고 있어야 하니까. 같이 다니던 사람도 없어. 평생을 여기서만 살다시피 했으니까."

수원 팔달로의 터줏대감으로 묵묵히 한 자리에서 좋은 국수, 쫄면, 떡을 만들어내고 있는 신영제분소는 어머니의 세월과 함께 그렇게 흘러가고 있었다. 쉬지 않고 성실하게 기계를 돌리듯 강정희 어머니의 삶도 계속 진행 중이다. 천 원에 세 개인 가래떡을 사러 오는 주변 상인들의 간식거리를 내 손에 쥐어 주면서 얼굴에 미소가 떠나지 않는 어머니의 얼굴이 오래도록 잊히지 않는다.

한 권의 책이 된 사람들. 다섯

살아온 시간이
역사가 되다

글 김현주

김중배 할머니 이야기

살아온 시간이
역사가 되다

수원의 팔달산 아래에서 태어나 수원에서 죽 자라온 김중배 할머니는 수원의 모든 시대를 기억하고 있다. 어린 시절의 풍경, 등하교 길에서 친구들과 쌓았던 추억, 부모님의 모습, 변화했던 거리, 큰 건물들이 지어지고 사라지는 모든 과정들. 마치 그녀 자체가 수원의 역사인 듯 옛 기억을 더듬어 팔달문과 신풍동의 과거를 생생하게 묘사했다. 김중배 할머니 기억 속의 수원화성 4대문 김중배 할머니의 어릴 적 팔달문 주변은 수원의 제일 번화가였다. 수원 사람들이 남문이라 부르는 팔달문을 중심으로 모든 상권이 이루어졌다. 남문 근처에 있던 보건약국, 중앙극장, 종로까지가 가장 번화가였는데, 그곳에 있던 중앙극장은 그 중에서 최고였다. 할머니의 친척은 근처에서 샛별소주라는 소주 사업도 하셨단다.

"제 세대의 사촌, 오촌, 삼촌까지가 국제극장도 하셨고 사업들을 하셨어요. 여기에서 여기 중앙극장, 국제극장, 여기 크로바 자리가 명보극장이거든요. 다 그런 쪽으로 하셨고 수원에 샛별소주라고 있었어요. 소주회사도 했었고."

할머니 말씀으로는 그 시절 남문과 남창동이 그렇게 번화했던 이유 중 하나가 수원 여민각 아래에 있던 호남주유소 부근에 지방으로 가는 버스정류장이 있었기 때문이란다. 그 버스정류장에 가면 오산, 평택 등등 지방으로 가는 버스는 다 탈 수 있었단다.

"남문근처에 보건약국, 중앙극장, 종로 거기까지가 제일 번화가고. 왜 그러냐 하면 남문서 종로 사이에 여민각 있죠. 거기 아래 호남주유소가 있습니다. 거기가 아주 유명한 주유소예요. 그쪽 아래가 지방으로 가는 버스 정류장이었어요. 오산, 평택 지방으로 가는 차들은 다 거기 있었어요. 거기 서니까 돈이 많이 흐를 수밖에 없었죠. 또 그때는 통행금지 시간도 있으니까, 빨리빨리 갈 사람은 가고 또 여관도 그 쪽으로 많이 있었죠.

화려하고 복잡한 남문에 비해 동문이라 불리는 창룡문 주변은 굉장히 조용하고 허술했다. 지금은 동수원 쪽으로 신도시가 들어서면서 상상도 할 수 없는 풍경이 그 곳에 펼쳐졌지만 그 당시 동문 쪽은 죄다 공동묘지였던 것이다. 그래서 할머니 기억 속의 동문은 늘 무섭고 어두운 곳으로만 남아 있다.

"전쟁이 났을 때 서울서 어디로 갔겠어요? 동생이 수원에 있으니 여기가 시골이라고 생각하고 여기로 왔어요. 와갖고 화룡전 뒤에 요 옆에

수원의 팔달산 아래에서 태어나
수원에서 쭉 자라온 김중배 할머니는
수원의 모든 시대를 기억하고 있다.
어린 시절의 풍경,
등하교 길에서 친구들과 쌓았던 추억,
부모님의 모습, 번화했던 거리,
큰 건물들이 지어지고 사라지는 모든 과정들.
오래 전 모습을 떠올리며
지금의 신풍동을 보고 있노라면
정말 많은 것이 변했다.

집이 두 채가 들어섰죠. 거기에 와 살았어요. 화룡전은 나는 놀이터였죠. 외갓집이 여기에 있으니까. 외갓집에서 그냥 외사촌들이 많이 있으니까 이쪽 가운데 지리는 잘 아는 거예요. 변천사를."

그 옛날 화령전은 할머니의 놀이터였다. 화령전 뒤쪽에 있던 외갓집은 김중배 할머니가 살던 집에서 한달음에 달려올 수 있는 거리였다. 그래서 작은 여자아이였던 시절, 엄마에게 야단이라도 맞으면 외갓집으로 도망오곤 했다. 무엇보다 사촌들과 같이 뛰어다니며 놀던 이쪽의 지리는 눈을 감고도 훤했다.

옛날 신풍동은 사라지고 새 시간을 입다

"옛날의 신풍동은 요 옆은 다 옥수수밭이었어요. 지금은 양옥이 많지만 그때는 초가집이 많았어요. 초가집이나 양철집. 양철 몰라요? 돌 던지면 또르르. (지붕에) 돌 던지고 또르르 소리에 도망들 가고 그랬어. 화장실도 바깥에 있는데 누가 화장실로 들어갔다 하면 돌 던지고 도망가고 그랬다고."

오래전 모습을 떠올리며 지금의 신풍동을 보고 있노라면 정말 많은 것이 변했다. 할머니 기억 속의 신풍동은 옥수수밭이었다.
이제 신풍동의 집들은 다들 튼튼한 모습을 하고 있지만 할머니가 아이였을 때만 해도 지붕이 대개 초가 아니면 양철로 만든 집이었다. 양철집 지붕에 돌을 던지면 또르르르 하고 지붕을 타고 굴러 내려오는 소리가 너무 재미있었다. 친구들과 다니다가 그런 집이 보이기라도 하면 돌을 던지고 도망가곤 했다. 집 밖에 있던 화장실도 양철로 만들었다. 사람이 들어간 양철 화장실에 돌을 던지는 장난은 예사였다. 양철에 돌이 부딪히는 소리에 놀라 화장실에서 뛰쳐나오는 모습이 너무 우스워 넘치는 장난기를 주체하지 못했던 시간이 아직도 엊그제 같다.

신풍동 주변이 대부분 옥수수 밭이었다면, 성곽 아래에는 거의 호박이 심겨져 있었다. 그때 사람들은 빈터가 보이면 옥수수든 호박이든 뭐라도 심었던 시절이었다. 하지만 시간이 흐르고 팔달문 주변은 계속 변화했고, 이 동네도 함께 번창했다. 여성회관이며, 수원경찰청, 경기도립병원, 법원들이 들어왔다. 그토록 흔하던 초가지붕과 양철지붕은 온데간데없이 사라지고 튼튼한 시멘트 옥상을 가진 집들이 들어섰다. 시간은 삶과 풍경을 변화시키고, 또 바뀌어 신풍동은 전혀 다른 동네가 되었다.

김중배 할머니는 추억 속 동네들이 변하고 사라지는 것이 섭섭하지 않으실까? 하지만 의외로 할머니는 이런 모든 변화가 그저 자연스러운 시대의 흐름이라 말씀하신다. 사람이 변하듯 동네도 시간에 따라 사라지고 또 자라고 그렇게 변화하는 것이 자연스러운 것이라며.

엊그제 같은 학창시절의 추억

할머니가 남창초등학교를 다닐 때만 해도 남학생이 한 반, 여학생이 한 반만 있었다. 63명 정도가 전부였던 그때 학생들은 지금도 동창회를 한다. 그들 대부분이 영동시장에서 장사하던 분들의 자녀였기 때문인지 아직도 변함이 없이 이곳에 머물러 계신단다. 할머니는 수원여자중학교를 졸업한 후 입학한 수원여자고등학교의 등굣길이 참 즐거웠다. 아직도 할머니 머릿속에 생생하게 남아있는 학교 가는 길을 설명해 주신다. 학교를 가려면 세 군데로 거쳐 갈 수 있었는데 노란버스 1번을

타고 북문에서 농대까지 가면 중간에 세무서가 나온다. 그렇게 세무서에 내려서 농대로 가는 길 하나, 두 번째는 서문을 돌아 화서고로 해서 가는 길 하나, 세 번째는 팔달산으로 올라가는 길이 있었단다. 팔달산의 부서진 성곽을 따라서(지금은 보수가 되었지만) 내려가면 지금의 경기도 관사 쪽으로 길이 나오는데 주로 이곳으로 다녔었다.

"버스 타고 돈 주는 거는 급하면은 아침에 타고, 저녁에는 우리 수원

여고 옆에는 국화빵 파는 유명한 아주머니가 있었어요. 버스 안 타고 항상 걸어오면서 국화빵 먹고 왔지."

버스를 탈 수도 있었지만, 주로 아침에 급할 때만 타고 다녔을 뿐이다. 버스비를 아껴서 수원여고 옆에서 팔던 국화빵을 사 먹으며 친구들과 집으로 오던 길이 정말 즐거웠다. 친구들과 걷던 팔달산에는 주민이 개간해서 고구마, 무, 배추를 심어둔 따개비 밭이 있었다. 친구들과 한 번씩 농작물 하나를 서리해서 한 입씩 나눠 먹던 기억은 아직도 생생하다. 재미있는 추억으로 가득한 할머니의 학창시절은 요즘 학생들처럼 공부에는 그렇게 부담이 없었기에 가능하지 않았을까라고 말씀하신다. 시험기간에만 공부했지 공부하라는 부모님 말씀을 들어본 적이 없다며, 호탕하게 웃으신다.

결혼, 그리고 신풍동에서 다시 살다

"그때는 약혼식을 신부집에서 했어요. 그래야 친척들이 아니까. '내 딸이 누구한테 시집을 갑니다.' 하고 친척들한테 친척들이 다 오셨지요. 가까운 친척들이. 근데 제가 한 가지 살면서 아쉬운 게 아 연애를 해보고 갈 걸 너무 몰랐던 거 같애."

할머니의 남편은 할머니가 직장생활을 할 때 소개로 만났다. 1년을 사귄 두 사람은 신부집에서 약혼식을 올렸다. 약혼을 하던 날, 유난히 많은 비가 왔지만 부모님들에게는 가까운 친척들을 모두 모시고 '우리 딸이 시집갑니다.' 하고 인사를 올리던 좋은 날이었단다. 그리고 결혼식은 남문에 있던 평화예식장에서 했다. 교통이 좋아서인지 그때는 많은 사람들이 이곳 평화예식장에서 결혼식을 올렸단다. 수원사람들뿐만 아니라 지방에서도 많이 올라와서 평화예식장을 이용했다. 그때는 지방에 결혼식장이 많지 않았기 때문이라고 할머니가 말씀하신다.

"어머님이 시동생하고 둘이 살았거든. 어머님이 아프시니까 밥 해 먹을 사람이 없어서 일가 친척이 없잖아요. 이북서 피난 왔으니. 아버님이 '니네끼리 서울서 살아라.' 하셨는데, 내가 합치자 죽든지 살든지 같이 합쳐 살자 그래서 9년같이 살았지. 시어머님이랑."

남편분의 직장이 서울이었기에 신접살림을 서울의 경희대 앞에 차렸다. 그리고 4년을 살다가 둘째를 낳았는데 그즈음 시어머니가 매우 편찮으셨다. 그때 아프신 시어머니와 시동생 둘만 사는 수원으로 내려오게 되었다. 편찮으신 시어머니를 모시고 살던 것을 시작으로 이제까지 한 번도 수원을 떠나는 일 없이 머무르며 할머니는 수원 토박이가 되었다. 성안마을에서 나고 자란 김중배 할머니에게 성안마을은 어디하고도 비교할 수 없는 소중하고 애틋한 곳이다. 재미있는 유년시절을 보낸 곳, 친구들과 이러저리 다니며 추억을 쌓던 곳. 많은 것이 변했지만, 기억 속에 고스란히 남아있는 행복한 시간들. 그 기억들이 할머니의 성안마을을 더 특별한 곳이 되게 한다. 그리고 할머니가 당신의 기억을 나누어 주는 지금, 성안마을이 우리에게도 특별한 곳이 되었다. 한 사람이 태어나고 자라고 머무른 시간들이 온전히 역사의 일부가 되는 것, 우리가 살아가는 모습이 얼마나 의미 있는가를 돌아보게 한다.

한 권의 책이 된 사람들. 여섯

오래된
기와집에 담다

글 김현주

이용재

이용재 할머니 이야기

오래된
기와집에 담다

남수동에서 수십 년째 살고 계시는 이용재 할머니를 할머니의 아주 오래된 기와집에서 만났다. 1985년에 수지에서 수원 연무동으로 이사를 왔다는 할머니는 시골과 달리 야박하고 답답한 아파트에서 살 수가 없었단다. 그래서 남편을 졸라 이사를 했고 조원동에서 조그마한 구멍가게를 하며 식구들과 먹고 살았다. 그러다 남편이 지금 사는 남수동의 기와집을 샀다. 직접 보지도 않고 도면만 보고 산 집은 기와를 싹 갈아서 깨끗하고 좋았단다. 큰 병으로 여러 차례 아팠던 남편과 아이들이 지금껏 함께 살면서 긴 추억을 쌓았던 집이었다.

이용재 할머니, 스물여섯에 시집을 가다

이용재 할머니와 가족들의 기억들이 구석구석 묻어있는 오래된 기와집 마당에 앉아 할머니의 지난 이야기를 들었다. 유쾌한 웃음소리와 끝없이 풀어내는 할머니의 재미있는 말솜씨에 귀를 뗄 수가 없었다. 기와집도, 할머니의 이야기도, 이야기를 듣고 있는 우리도 순식간에 그 시절로 함께 돌아간 듯 했다.

"우리 집 양반이랑 선을 봤어요. 그때 중매쟁이가 나하고 동창 할머니에요. 동창 할머니가 와서 '야, 넌 시집을 여태 안 갔냐, 시집을 가라.' 그래서 '아니, 시집을 벌써가요?' 그랬어요. 그때가 스물다섯이었는데 중매쟁이 할머니가 '숙자는 스물둘에 갔다. 가라, 가라.' 그래요. 내가 '싫어요.' 했더니, '저기 신랑감이 아주 얌전하고, 씩씩하고, 아무것도 없어도 사람이 성실하고 부지런하니까. 사람은 부지런하면 어디를 가던 먹고는 산다. 게으른 사람보단 나으니까.' 그랬어요. 그래도 내가 싫다고 했어요. 우리 아버지가 술을 너무 좋아하고, 우리 할아버지도 술을 너무 좋아해요. 우리 아버지는 약주만 잡수면 동네를 다 헤매. 동네를 다 헤매서 그냥 아버지 붙잡으러 다니느라고 애썼거든. 약주만 드시면 동네를 소리소리 지르며 다니니까. 술 먹는 사람도 싫고, 담배 피는 사람도 싫고. 난 그런 사람 있으면 시집을 절대 안 갈 거니까 난 싫다고 그랬어요."

그리곤 만나보기만 하라는 말에 억지로 선을 봤다. 할머니는 처음이기도 하고 싫기도 해서 본둥만둥하며 할아버지를 거절했다. 할머니의 아버지도 아무것도 없는 놈한테 자신의 딸을 보낼 수 없다고 하여 일단락되었다.

"근데 몇 달 지나고 초가을인데 할머니가 오셨어. 이른 봄에 봤는데. 할머니가 오시더니, '얘, 용자야, 이것 좀 봐 봐.' 하시길래 '왜요?' 그

이용재 할머니와 가족들의 기억들이 구석구석 묻어있는
오래된 기와집 마당에 앉아 할머니의 지난 이야기를 들었다.
"이 문살은 한옥에 대해 공부하고 있는 아주대 학생들이 와서,
이건 옛날 문양이라고 그게 잘 보존되어 있어서 고맙다고 하더라고요."

랬더니, '이거 은가락지인데 너 껴라.' 하셔요. '아이, 싫어요. 할머니, 내가 그걸 왜 껴요? 싫어요.' 했더니 '아니, 내가 숙자를 주려고 해도 숙자가 시집가고, 늙은 내가 얼마 있으면 죽을 건데 너나 껴.' 그랬다구."

방물장사를 하던 중매 할머니는 광주리에 실이랑 연, 가위, 여러 가지 잡다한 물건을 갖고 다녔다. 여느 날처럼 옛날 주부들이 쓸 수 있는 물건을 가지고 다니던 중매 할머니는 어느 날 그걸 내려놓고 앉아서 이용재 할머니에게 물 한 바가지를 요구했다.

'물 좀 한 바가지만 다오.' 우리 집이 산 밑이어서 샘물을 떠다드리니까 '너희 집은 맨날 물맛이 좋구나.' 이래. 방물장사하면 몇 동네를 돌아다니잖아요. 수십 리도 걸어 다니시잖아요. 근데 옛날 시골에는 읍면이면 어디 면에 어느 동네, 리까지도 다 알아요. 전체를 다 알아. 면에 가서 무슨 리 하면 어르신들이 다 가시잖아요. 가시면 아무개는 자손이 몇 두고 누구고, 누구고. 보기만 하면 벌써 저 사람은 누구네 자손이다. 인물을 닮았으니까 얼굴만 닮아도 다 아신다고, 어르신들이. 그런데 그분이 오셔서 그래. 반지를 숙자를 주려고 해도 안 된대. 신랑이 해줬는데 어떻게 숙자를 주냐는 거야. 그래도 주라고, 나는 싫다고 했는데 껴보라는 거야. 그러고선 마루에다 그냥 빼놓고선 가시더라고. 껴보니깐 맞아. 그래서 그냥 꼈지. 그냥 주시는 줄 알고. 순수한 마음에. 할머니가 진짜 날 주시는구나. 그랬지.

열흘 뒤 그 할머니는 갑자기 등장해서 반지가 손에 맞냐고 물었다. 맞다고 대답하자마자 반지를 빼가셨다. 그리고 며칠 뒤 사주단자가 왔다. 그 반지에 맞춰 사주단자가 왔던 것이다. 집에는 난리가 났다. 아버지, 어머니, 할아버지까지 이게 뭔 짓이냐는 소리가 커졌다.

"그런데 안 할 수도 없어. 당시엔 사주단자가 오고 시집을 안 가면 흉이야. 울며 겨자 먹기로 해야 되는 거야. 그래서 그냥 결혼을 그렇게 했어요. 사주단자가 온 지 2주 만에 결혼했어요. 그래서 난리가 났었지. 그게 큰 기삿거리였어요. 그렇게 난리가 났고. 고모도 이놈의 기집애가 제멋대로 신랑감이라고 짱돌마치 같은 걸 골랐다고. 사주단자를 제멋대로 했다고. 나 밭에 간 사이에 제멋대로 했다고. 아버지, 어머니가 난리 났었어요."

그렇게 결혼식을 올렸다. 할머니는 결혼식 내내 울었다. 결혼한 남자는 딱 한 번 본 사이였다. 그것도 약혼사진 찍는 날이었다. 다행히 살다보니 자신의 신랑 같은 사람도 없다는 걸 깨달았다. 약주도 한 잔 안 마시고 참 좋았다. 단지 몸이 건강치 않아서 골골했지만 그래도 항상 가정을 중시하고 가정을 잘 지켜주고 남한테 허튼소리 한 번 한 적 없이 배려하는 사람이었다. 그래서 지금은 남편을 존경하며 살고 있다.

"서운한 건 없어요. 단, 서운하다면 이게 있어요. 제가 사실은 다시 아가씨로 돌아간다면, 연애도 좀 해보고, 신랑을 골랐어야 했던 걸. 잘못 골랐다는 거. 지금은 살다보니까 존경하게 됐지만, 그때는 한창 그랬어요. 내가 다시 태어나면 이런 사람하고 결혼 안 해. 우유부단하고 능력도 없고 그랬거든요. 근데 지금은 아주 잘했다고 생각해요. 하하하 (웃음)."

할머니는 시집가기 전에 아버지의 사업 실패로 수지로 내려갔다. 아버

마루 위에 걸린 가족사진

지 사업이 망해서 시골로 내려와 있으니까 결혼을 할 때 돈이 없었다. 시집을 가는데 돈이 없다 그러니까 고모랑 이모들이 조금씩 보태서 결혼을 하게 되었다. 고모가 쓰던 원삼족두리를 물려받고 고모가 해준 대례복을 입고 이모가 해준 스뎅(스테인리스) 그릇, 큰이모가 요강이랑 스뎅 대야를 사줬다. 그 외에도 큰고모가 목화솜 이불도 해줬다. 그렇게 결혼식을 했다. 당시 아버지가 예식을 수원 평화예식장에서 하자 그랬지만 형편도 어려운데 그냥 연지곤지 찍고 새신이면 된다고 했다. 아버지는 벌써 모든 곳에서 신식으로 올리는데 구식이 웬말이냐 했지만 괜찮다고 해서 집 마당에서 결혼식을 했다.

친정을 닮은 오래된 집

이래뵈도 친정집 앞마당은 엄청 컸었다. 사랑채도 크고, 안채도 지금 집보다 더 컸다. 앞마당에서 모든 잔치를 다 했어요. 앞마당에서 할머니의 혼례잔치를 하고, 그 이후엔 아버지 환갑잔치를 열어 친지들, 당숙들, 고모들, 외가, 동네사람들까지 다 초대해 생신 상을 차려드렸다. 그 마당에서 많은 일을 치뤘다. 할머니의 할아버지가 둘째 집인데 큰할아버지의 아들이 제 역할을 못해서 모든 제사를 그 마당에서 지냈었다. 그래서 서울이고 어디고든 다 오면 그 대청마루에서 하고. 자리가 모자라서 마당에다 멍석을 펼쳐놓고 제를 지내곤 했다.

"그래서 저는 한옥을 좋아하고, 대청문 뒤를 열면 산에서 산들바람이 불어오면 여름에 너무 시원해요. 그리고 매미소리가 너무 좋아요. 그래서 사실 마루 있는 집을 좋아했어요. 저도 맨 처음 남수동 이 기와집에 이사 왔을 땐 우리 제부가 이런 집이 좋지 않냐 그랬더니, 우리 동생도 와서 '언니, 좋다, 시골집 같다.' 하면서 그냥 살으라고 해서 그냥 살게 된 거에요. 그때 그렇지 않으면 새로 지었을 거예요. 새로 지어서 세나 먹고 살자고 했으면 그렇게 했을 거예요. 당시엔 돈이 있었고, 지으려고 맘을 먹고 있었으니까. 그때 지었으면 지금 이 집이 없고 지금보다 잘 살았을지도 몰라. 우리 집은 아주대 건축학과 학생들이 5년을 왔나 봐요. 학생들이 연도를 물어봐서, 제가 집의 연도를 몰라서 구청을 들어갔어요. 그랬더니 우리 집 등록이 1962년 전에 했다는데, 이전 연도 기록이 없어요. 그런데 어느 분이 오셔서 얘기하시더라고. 자기가 87세가 됐는데, 7살 때 여기서 세를 살았다고 하시는 거야. 그런데 그 전에는 집이 일제 때 일본인이 지었다고 하시더라고. 해방된 후에 갔다고 하더라고요.
또 집수리하는 사람한테 얘기했더니, 먼저 살던 사람이 대들보가 너무 까매서 깎았다는 거야. 그래서 대들보가 조금 줄었다고 하시더라고 그분이. 대들보가 너무 크고 오래 됐으니까 시커멓고 볼품없어서 깎았대

요. 그래서 상량을 내가 보겠다고 했더니, 아마 봐도 없을 거라고, 깎아내서 없을 거라고 하시더라고요 그 분이. 그 전에 전에 그렇게 했다고 얘기가 전해왔다고 하시더라고요. 이 문살은 한옥에 대해 공부하고 있는 아주대 학생들이 와서, 이건 옛날 문양이라고 그게 잘 보존되어 있어서 고맙다고 하더라고요. 이런 문양은 수원에서 보기 어렵다고 학생들이 보기 어렵다고 한 5년을 찾아왔어요."

다시 아이들과 사는 따뜻한 집, 사람 사는 맛

"우리 집이 항상 굉장히 따뜻해요. 여름엔 시원하고 겨울엔 따뜻해요. 햇빛이 쨍 쬐면."

집 자랑 해달라고 했더니 할머니는 집이야기를 마무리하기도 전에 갑자기 자녀들의 이야기를 꺼내신다.
할머니는 큰아들과 작은아들, 딸까지 결혼시켜 내보내서 앞으론 아무것도 안하고 편히 살줄 알았다고 한다. 평생을 편히 살 줄 알았다. 그런데 사람 맘대로 되는 게 아니었다. 애들을 한창 키울 때, 아들 한 명은 외국 간다고 떡 하니 유학 가버리고, 한 명은 사업하겠다더니, '아이고. 못 살겠다'라면서 사업을 말아먹고 집으로 돌아왔다. 사업하던 아들은 다시 시작해보겠다고 한 번 더 지원을 해줬더니 그것도 안 돼서 지금은 직장을 다니고 있다. 할머니는 손녀 하나에 손주가 둘. 삼남매를 두고 오순도순 잘 살고 있다.
힘들 것 같지만 할머니는 진심으로 지금이 가장 행복하다고 느낀다. 매일 손주들이 '학교 갔다 왔습니다.', '할머니, 학교 다녀오겠습니다.', 아침이면 '할머니, 안녕히 주무셨어요?' 하고 아들도 '어머니, 안녕히 주무셨어요?', 며느리도 아침에 일어나면 '어머니, 안녕히 주무셨어요? 어머니 오늘은 어땠어요?', '오늘은 힘들지 않으셨어요?' 매일 인사를 나눈다. 몸이라도 조금 아프면 자식들과 손주들이 병원가라고 챙겨주는 게 너무 좋다. 두 내외만 있었으면 쓸쓸하고 티격태격만 했을 것 같아 지금이 좋다.

"손주들이 학교 이야기고 다 얘기해요. 그게 제일 좋잖아요. 그래서 그 바람에 힘들어도 살아요. 이제 사람 사는 맛을 느껴요. 그래서 행복해요. 진짜 행복해요. 물론 나를 모르는 사람들은 날더러 그 뭐 하러 손주 뒤치다꺼리하고 힘들게 일을 하냐고 그러는데, 그건 아니에요. 사람은 살아서 움직일 동안 일을 해야 한다고 생각해. 꿈지럭거려야 해. 살아있다는 걸 증명하기 위해 움직여야 된다는 거예요. 한 없이 도전하고 움직여야 된다고 나는 생각하거든요. 그렇기 때문에 누가 그래도 나는 신나! 그러고 말아요. 나는 그게 좋아. 그게 너무 좋아."

내가 살던 집을 생각하면 같이 살던 사람들과 함께 만들어온 시간들이 저절로, 드라마를 보듯 떠오르나 보다. 할머니는 이야기를 끊을 새도 없이 그렇게 자신과 가족, 오래된 집에 얽힌 추억들을 풀어냈다. 할머니의 말씀을 듣는 우리도 할머니도 함께 했던 그 시절의 이야기, 그 시간의 사람들을 함께 느끼고 추억했다. 그리고 할머니 말씀대로 살아있음으로 신나고, 그것이 우리가 살아있음에 대한 증명임을 깨닫는 시간이었다.

한 권의 책이 된 사람들. 일곱

생의 활기
삶의 증거

글 최주영

조웅호

골목박물관, 한 권의 책이 되다

조웅호 할아버지 이야기

생의 활기
삶의 증거

고봉밥으로 대여섯 공기를 먹고도 늘 배고팠던 그때, 찬이라곤 기껏해야 김치쪼가리가 전부. 어쩌다 생일이라도 되면 한물 간 꽁치가 밥상 위로 올라왔던 시절이 있었다. 고무신마저 귀하고, 한 반에 60명 중 10명도 안 되는 친구들만이 도시락을 싸왔으며, 하얀 종이는 감히 상상도 하지 못했던 1940~50년대에는 지금처럼 나이 70을 넘기는 사람은 거의 찾아 볼 수 없었다.

일제강점기에 태어나 한국의 굵직한 근현대사를 관통하며 척박한 삶을 개척해나간 많은 이들 중 수원 정자동에 터를 잡은 평양 조씨 집안의 조웅호 선생을 만났다. 남문시장의 광덕상회 옛 주인으로 유명한 그는 수원의 안과 밖을 꿰고 있는 수원토박이다. 언제나 그렇듯 한 곳에 오랜 시간 터를 잡고 살아온 이들에게 과거의 동네 이야기란 것은 어젯밤 일처럼 생생한 일인가보다.

"행궁동이 옛날에는 수원의 중심동이었어. 초등학교 다닐 때 1940년도만 해도 여기 삼거리에 수원극장이라고 기억나세요? 고 뒤로는 다 논밭이었어. 동쪽으로는 신풍고개라고 해서 빈센트병원 앞으로는 과수원이고, 그 뒤로는 다 허허벌판이고 첫 번째 동네가 우만동이라는 동네가 있고, 수원 시내가 성을 중심으로 해서 장안문 밖도 허허벌판이었어요. 그때 당시에 장안문에서 운동장 쪽으로는 지금 길이 6.25때 그 길하고 똑같아요. 정조가 그 길을 그렇게 넓혀 놓은 거예요. 그리고 역전이라는 데는 매산학교 있는 데서부터 그 아래는 허허벌판이었고, 수원역이 『수원시사』엔가 나오더라고요. 매산학교에서 수원역을 찍었을 때 아무것도 없는 허허벌판이었다는 걸. 시내라는 게 여기 성안하고 여기 지(시장). 지동학교 있죠. 못골이라는 데도 1960년 이후에 도시가 된 거지. 지금 매향동 있죠. 매향교 다리에서 장안문까지가 아무것도 없는 허허벌판 논밭이었어요. 그때 당시 인구가 4~5만. 수원시가 됐을 때 7만이 되는 바람에 수원시가 된 거예요."

그의 고향마을인 정자동은 평양 조씨 집성촌이었다. 대다수의 가구가 같은 성씨로, 타 성씨를 가진 가구는 얼마 되지 않았다. 초가집이 옹기종기 모여 있는 1950년대 정자동 전경의 흑백사진은 그의 옛집 450번지를 배경으로 하고 있다. 손바닥 절반도 안 되는 작은 흑백사진은 조웅호 선생이 직접 찍은 사진이다. 카메라가 귀하던 시절, 고등학생인 그는 미놀타 카메라를 장만했다.

"48년도에 산 거야. 옛날에는 필름을 파는 데가 있었어. 필름 파는 데서 사진기도 팔았어. 거기서 산 거지. 그때 꽤 비쌌지. 그때 당시는 이 카메라가 대중화된 카메라지."

조웅호 선생은 까만 필름이 들어가는 흑백카메라 기기로 동네의 전경을 찍어 사진으로 남겨두었고, 반세기를 훌쩍 넘긴 세월을 지나 사진첩 안에서 조용히 그 존재감을 드러냈다. 대학 무렵까지 사용했던 카메라는 5~6년은 족히 그의 손길을 탔고, 과거의 시간은 고스란히 한 장의 사진으로 남아 그의 삶 구석구석을 증명해주었다.

그리고 그가 흘려보낸 삶의 많은 시간들은 역사 속 사건들과 그 궤적을 같이했다. 1945년 해방이 되던 해, 조웅호 선생은 초등학교 4학년이었다. 동네에서 그의 집에만 유일하게 존재했던 라디오에서는 일본 천황의 목소리가 흘러나왔다.

"8월 15일 날 12시에 울면서, 난리가 난 거지. 해방됐다고. 그런데 수원은 해방의 기쁨이라 시민들이 나와서 만세 부르고 그러질 않았어. 수원엔 인구도 적었고. 일본 사람들이 많이 살았지. 해방되면서 적산가옥이라고 해서 정부가 몰수한 거지. 8월 15일날 해방이 되고 17일날 팔달산에 있는 신사를 불태워버려요."

1950년 한국전쟁이 발발했을 때에는 모두가 고향을 등지고 피난을 떠났다. 조웅호 선생도 군용기차에 숨어들어 부산으로 피난을 떠났고 6개월 만에 수원으로 다시 돌아왔으나 살던 집과 동네는 잿더미로 변해있었다.

"다 피난 갔죠. 부산 갔었죠. 나중에 얘길 들으니까 우리집이 초가집이었대요. 우리 옆에도 기와집이 많았거든요. 다 잘 사는 사람이 많았는데 6.25때 우리집이 제일 먼저 초가집에서 불이 났대요. 여가 다 탔어요. 아무것도 없어요. (다시 돌아왔을 때) 팔달문만 남았어요."

수원 정자동에 터를 잡은 평양 조씨 집안의 조웅호 선생을 만났다.
남문시장의 광덕상회 옛 주인으로 유명한 그는
수원의 안과 밖을 꿰고 있는 수원토박이다.
초가집이 옹기종기 모여 있는 1950년대 정자동 전경의 흑백사진은
그의 옛집 450번지를 배경으로 하고 있다.

모든 것이 불타고 남은 자리에서 다시 삶을 일으켜야 했다. 그리고 제일 먼저 광덕상회를 다시 지었다. 광덕상회는 조웅호 선생의 부친 조재훈이 1940년에 세운 포목상점이다.

"내가 아주 어릴 적엔 기억을 못 하지. 가게에서 뛰어놀던 생각만 나니까. 내가 5살 때 아부지가 가게 문을 여셨으니까."

조재훈은 평양 조씨 집성촌으로 유명한 정자동의 유학자 집안에서 태어났으나 평생 글만 읽으며 서당을 운영하던 부친의 선비 같은 성품 탓에 가난을 면하기가 어려웠다. 그리하여 부친의 극렬한 반대에도 불구하고 조재훈은 생계를 위해 상업의 길을 걸었다. 조재훈은 아들 조웅호에게 장사를 하더라도 양반의 정신을 지니고 있으면 양반인 것이고, 장사도 상인정신을 바로 세워서 하면 된다는 것을 누차 강조하였다.

광덕상회는 초창기에 생산지 상인들이 가져온 삼베와 무명 따위의 물품을 위탁받아 소매상에 판매하는 위탁거래와 일본 관청의 통제 하에 비단을 공급하는 공매거래를 주거래로 하였다.

"(비단은) 지금으로 말하면 고급 옷이지. 일제시대에는 이게 하나의 귀한 물건이라. 정부에서 개인한테 제한되게 팔았어요. 돈이 많다고 사가는 게 아니라 한 사람 앞에 옷 한 벌 내지 두 벌만 팔았어요. 아버지가 광덕상회라는 걸 하셨는데, 일제가 자꾸 쇠퇴하면서 비단이 귀한 게 되고 노동하기에는 안 되잖아요. 막 입는 옷이 아니니까. 그렇게 되면서 옛날 비단은 없어지고, 비단은 서민이 취급하는 게 아니라 고관대작이 취급하고 서민들 옷들, 여름에는 삼베라고 했어. 그게 우리 서민들이 입는 옷이고. 그래서 시대의 흐름에 자꾸 밀리니까 나중에 무명, 광목, 삼베 장사하다가 1960년대 들어와 가지고 우리나라가 시대변혁이 오니까 옷들이 좋은 게 막 나오기 시작하니까 광덕상회 장사가, 시대가 변하다보니까 잘 팔리지가 않지."

1960년대 초 부친 조재훈이 별세하면서 조웅호 선생은 광덕상회를 물려받게 된다. 그러나 섬유 산업과 주거양식이 발전하고 삼베와 백목 등의 소비가 급격히 줄어들면서 상인들도 떠나고, 유통업의 발전과 함께 위탁업도 직거래로 변화하면서 가게 운영은 점점 감당하기 어려운 상황에 놓이고 말았다.

"광덕상회라는 게 변화의 물결을 이기지 못하고, 내가 아버지 장사를 다른 걸로 변화시켜야 하는데, 가게를 접고 월급생활을 해서 들어간 거지. 월급생활을 해서 돈을 많이 벌었지만은 장사해서는 돈을 못 벌어요. 우리 아버지가 상인의 원리원칙이야. 피땀 흘리지 않은 돈은 벌지 말라. 장사꾼이 가끔은 남을 속이고, 좋지 않은 물건은 좋다고 해야 하는데 우리 아버님은 그걸 못 가르쳐줬어. 그래서 내가 양심에 어긋나는 짓은 못하니까 광덕상회가 쇠락한 거지."

영동시장에 자리했던 광덕상회는 그렇게 설립 30여 년 만에 폐업을 맞이하였다. 그 시절 광덕상회나 삼원상회와 같은 굵직한 가게들은 자취를 감췄지만 영동시장은 아직까지도 비단가게나 한복가게와 같은 직물이 주류를 이루며 그 명맥을 이어가고 있다. 광덕상회를 접은 조웅호 선생은 수원의 여러 곳에서 사회생활을 이어나갔다. 대한체육회 총무과장에서부터 경기도생활체육회 초대 회장, 수원시 체육회 감사, 한국

결혼

부모님

1962년 방화수류정
팔달문 중턱 직업학교

형제들

옛 광덕상회

수동 카메라에 남은
시간의 기록

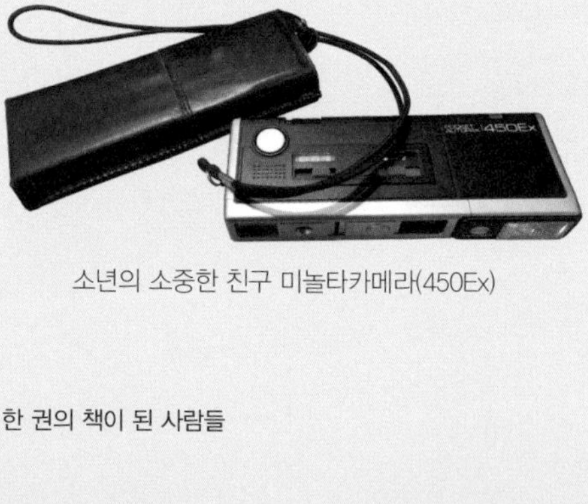

소년의 소중한 친구 미놀타카메라(450Ex)

가정법률상담소 수원지부 이사장, 평양 조씨 종친회 회장, 현재 수원 바둑협회 회장까지 다양한 직함을 가지며 활발한 활동을 벌였다. 또한 지역사회를 위해 1964년경 수원 남문에서부터 역전까지 쓰레기 수거함을 직접 만들어 설치하기도 하였고, 지역발전을 위해 신문사를 경영하기도 하였다. 이외에도 수원시 모범시민상과 지역사회 개발 부문의 수원시 문화상, 대한적십자사 자진봉사 5천 시간 수상, 대통령 표창 등과 같은 다수의 수상 이력을 남기며 지역사회에 공헌을 아끼지 않았다.

"우리 대직계 할아버지가 수원에다가(그때는 화성) 최초로 학교를 만드셨어요. 수원에 있는 나보다 7~8년 윗사람들은 다 우리 할아버지한테 공부를 배운 사람이에요. 경로당에 가면은 우리 할아버지가 가르쳤다는 걸 기억하는 사람이 있고 그래요. 우리 할아버지가 하나의 선각자야. 우리 집에는 연기가 없어, 먹을 게 없으니까 가르칠 것만 가르치지. 학비를 안 받으니까. 우리집에 1년 내내 연기가 올라오는 게 거의 없다 그랬어. 우리 할아버지는 그걸 하나의 긍지로 삼으신 거야."

"그래서 내가 할아버지 피를 이어받아서 지금도 목에 칼이 들어와도 아닌 건 아니고 옳은 건 옳다고 해야지 현실에 타협하고 그러지 않아요. 나는 만년 직언파야, 직언파. 나는 지금도 정치인이고 무슨 도지사고 간에 내 마음에 안 들면 '당신 아니오.' 그래. 내가 이 나이에 겁날 게 뭐(있어)."

그의 조부와 아버지의 성품을 닮아서일까. 그가 지역사회에 행한 많은 실천과 행동에서 선대부터 이어져 내려온 강인한 면모와 기백, 청렴한 정신이 엿보인다. 여든을 넘은 나이에도 불구하고 아직까지 지역에서 왕성한 활동을 이어가고 있는 그의 모습은 어느 젊은이 못지않은 생의 활기를 우리에게 여실히 전달하고 있음이 분명하다 할 것이다.

한 권의 책이 된 사람들. 여덟

삶을 닦고 다듬는 기술자

글 최주영

신용길 할아버지 이야기

삶을 닦고 다듬는
기술자

수원천변에 각양각색의 가게가 즐비하다. 평소 유심히 보지 않으면 지나치기 쉬운 가게 중 하나가 공업사와 같은 공간이 아닐까 싶다. 오랜 세월 이곳에 머물며 일해오신 신용길 씨를 만나기 위해 신용공업사 안으로 들어섰다.
남색 작업복에 팔토시를 두른 다부진 체격, 머리에 눌러 쓴 모자 밖으로 희끗 비치는 흰 머리칼, 뺨과 눈가에 그려진 주름 가닥은 보기 좋게 완만한 곡선을 그린다. 사장님은 반가운 미소로 우릴 맞아주셨다. 8평 정도의 가게 안에는 방으로 쓰는 사장님의 작은 공간이 있다. 이야기를 나눈 지 얼마되지 않아 신용길 씨는 옛날 사진들을 주섬주섬 꺼내놓으셨다. 흑백사진 속 1960년대 수원 종로 사거리에는 이발관, 자전거포, 술집, 도장포 같은 가게들이 늘어서 있고, 학생 신용길 씨도 그곳에 서 있다. 건네주신 또 다른 사진을 들여다보며 신용길 씨는 그때를 회상하신다.

오랜 세월 이곳에 머물며 일해오신 신용길 씨를 만나기 위해
신용공업사 안으로 들어섰다. 신용길 씨는 자전거 한 대로
수원과 인근 지역을 돌며 돈을 벌기 시작했다.
그러다 수원천변에 작은 가게를 얻어 공업사 일을 시작했다.
간판 시공일에서부터 리어카 제조 일까지 모두 손재주 좋은
신용길 씨의 손길을 거쳐 갔다.

"지금 저 팔달구청에서 연무대를 바라보고 찍은 거야. 저기가 전부 다 논이었어."

빛바랜 사진과 함께 그는 자신의 삶을 조곤조곤 풀어내기 시작했다. 푸근한 인상에서 비롯된 얼굴과 달리 신용길 씨의 인생은 그리 녹록지 않은 길을 달렸다. 철원에서 태어난 신용길 씨는 한국전쟁 당시 가족과 함께 수원으로 피난을 내려왔다. 아버지를 고향에 남겨둔 채 어머니와 어린 형제 셋은 수원 땅을 밟았다.

"아버님은 피난을 못 나오셨어. 돌아가셨겠지, 뭐. 거의 96~7세되니깐. 돌아가셨지. 난 여까지 피난온 거는 기억이 나는데, 한강다리를 어떻게 넘어왔는지는 몰라. 어렸으니깐."

전쟁이 끝난 그즈음 어머니는 늑막염으로 돌아가시고, 형제들은 작은집에 맡겨졌다. 어려운 작은집의 형편상 형제는 함께 살지 못했다. 누나와 신용길 씨는 각각 남의 집 수양딸, 수양아들로, 동생은 고아원으로 보내졌다. 그러나 어린 동생은 그곳에서 일찍이 생을 마감해야 했고, 누나는 파양되어 서울로, 신용길 씨 또한 다시 작은집으로 돌아왔다. 그렇게 가족은 산산이 흩어졌다.

작은집에 더부살이 하며 소화초등학교와 수원동중(삼일중학교)을 거쳐 삼일고에 입학한 신용길 씨는 낮에는 작은집에서 운영하는 자전거포에서 일을 배우고 야간에는 학업에 매진했다. 그러나 2학년이 되던 해에 작은집의 가정형편 때문에 중퇴를 결심할 수밖에 없었다. 학업을 접은 신용길 씨는 군 제대 후 본격적으로 생활전선에 뛰어들었다.

50년 친구

"군대 갔다 와서 보니 작은집은 작은아버지 다 돌아가시고, 작은엄마하고 초등학교 애들만 있는 상태였어. 나는 나와 보니 돈 한 푼 없지. 옛날에 배운 자전거 기술 가지고서 일을 시작한 거지. 그때는 자전거한 대가 진짜 집안의 큰 재산이야. 자전거 하나 만들어가지고 안 해본 거 없이 다 해봤어."

신용길 씨는 자전거 한 대로 수원과 인근 지역을 돌며 돈을 벌기 시작했다. 아이스케키 장사서부터 껌 장사, 구두 닦기 등등 자전거를 타고 2년간 곳곳을 누볐다. 그러다 수원천변에 작은 가게를 얻어 공업사 일을 시작했다. 간판 시공일에서부터 리어카 제조 일까지 모두 손재주 좋은 신용길 씨의 손길을 거쳐 갔다.

"내가 리어카는 수원에서 아주 최고 전문점이야. 예를 들어서 팔달구청, 장안구청, 권선구청 세 구청에 1년 납품하는 거만 거의 8~9천 됐어. 지금은 청소리어카 요만하잖아. 예전엔 연탄재가 많이 나오고, 쓰레기가 많이 나오고 그러니까 리어카가 엄청 컸지."

리어카 장사가 잘 될 때는 가게 앞 천변으로 리어카 줄이 50미터는 늘어서 있었단다. 그렇게 20년은 거뜬히 호황기를 누렸지만, 연탄 사용이 점차 줄어들면서 리어카 제조 일도 사양길을 걸었다.

"한 달에 최고 많이 벌었을 때가 700~800은 벌었어. 지금은 (그렇게) 못 벌지."

수원에 내려와 북수동 자리를 잡고, 성안에서만 근 60년을 살았다. 그 사이 동네의 모습도 많은 변천을 거듭했다.

"내가 수원 왔을 때는 시내버스 두 대가 이 남문을 빙그르르 돌지 않고, 그 동그란 데 가운데로 다녔어, 처음에는. 그러다가 로터리가 생긴 거야."

북문이나 서문 밖은 온통 자갈길로 뒤덮여 집 한 채 찾아보기 힘든 시절이었다. 비포장도로가 무성했고, 어쩌다 강원도라도 한 번 갈라치면 새벽에 출발해야 겨우 시커먼 밤에나 당도할 수 있는 시절이었다. 아이스케키 장사를 할 적에는 자전거를 타고 용인 메주고개까지 넘나들기도 했다. 사람들이 많이 살았던 동네 남창동은 주로 최고 부잣집만 모여 있었다. 지금은 민속촌으로 이전한 99칸짜리 집도, 남문시장의 초창기 모습도 신용길 씨의 머릿속에 생생하게 남아있다.

"그때 당시 시장은, 영동시장은 우리 올 때만 해도 그냥 이 기둥 몇 개 세워놓고 함석 몇 개 올려놓은 게 시장이야."
노점상이랄 것도 없이 물건을 주욱 늘어놓고 팔던 초기 모습에서 시장

안으로 건물이 하나둘 들어서기 시작하며 영역이 확장되었다.

"시장 안에 옛날 처음 제일극장하고 제일백화점으로 건물을 지었다가, 뭐 시민백화점으로 바뀌고 그럴 때, 지금은 아예 백화점으로 바뀌었지만 그때는 극장이었어. 크로바 백화점할 때 간판 달러 다녔는데, 4, 5층 같으면 외줄 타고 간판 달고 다녀도 하나도 안 무서웠어. 남문 고로터리에서 한번 간판 달다가 줄 타고 내려오다가 달랑 1층에서 풍~당! 떨어진거야. 엉덩방아 찧으면서. 근데 이게 떨어지면서 뒤로 가면 죽었어. 엉덩방아만 찧었는데 괜찮아. 그래서 아무렇지도 않아."

영동시장이 자리를 잡고 주변으로 시장들이 하나둘 들어섰다. 현재는 영동시장을 비롯해 미나리광시장, 지동시장, 못골시장, 팔달문시장 등이 모여 남문 일대의 커다란 전통시장 상권을 형성하고 있다. 시장이 확장되고 수원이 변천을 거듭하면서 신용길 씨는 겹겹이 쌓인 삶을 마주하고 있다. 시대에 따라 안 해본 일이 없이 앞만 보고 달려온 세월이었다. 3년 전 갑자기 찾아온 뇌경색으로 폐업 위기에도 처했지만 건강을 다시 회복하며 여전히 공업사 일을 놓지 않고 계신다. 그러나 이제 사장님에게 은퇴의 시계는 가까워지고만 있다.

그는 자신에게 주어진 삶의 마지막 시기를 준비 중이다. 본인 손으로 직접 올린 강원도의 그림 같은 새집은 그의 삶에 소소한 소일거리이자 활력이 되는 듯했다. 이제는 가족들과 강원도에 모여 남은 여생을 편안히 지내실 계획이란다. 어렵고 고된 유소년기와 청년기를 거쳐 안정된 노년기에 접어든 신용길 씨. 그의 남은 삶도 재주 많은 손길로 근사하게 안착되길 바라본다.

한 권의 책이 된 사람들. 아홉

가난한 자들의 보금자리
금보여인숙

글 최주영

길연순

김연순 할머니 이야기

가난한 자들의 보금자리
금보여인숙

수원 북수동, 과거 팔부자거리로 불렸던 이곳에 커다란 황금물고기를 가진 오래된 금보여인숙이 자리하고 있다. 이 여인숙의 방들은 모두 달마다 숙박비를 지불하며 사는 달방 사람들의 보금자리가 되고 있다. 그곳에서 금보여인숙의 안주인 김연순 할머니를 만났다.

기억: 잃어버린 고향의 시간

황해도 개성읍에서 사남매 중 셋째로 태어난 김연순 할머니는 6살 때 부모님을 결핵으로 여의고 외할머니가 계신 개풍군 봉동면 백전리 흔드리미로 이사를 가게 된다.
초파일이 되면 할머니와 함께 선죽교로 나갔다. 이방원에 의해 피살된 정몽주의 혈흔이 아직도 남아 있다는 역사 속의 선죽교 다리, 그 크지도 작지도 않은 다리 위로 달구경을 하러 놀러가곤 했단다. 그

날은 외할머니가 어린 손녀에게 곱게 노랑 저고리를 입혀 주었다. 수십 년의 시간이 할머니의 삶을 스쳐지나갔지만 잊을 수도, 지울 수도 없는 기억들은 생의 꼬리표처럼 할머니를 따라 움직인다. 옛 일이 가물가물할 때면 눈을 지그시 감고, 기억의 자취를 더듬거리며 말을 이어가신다.

"우리 외할머니가 사는 건 형편없이 가난했어도 양반 출신이었던가 봐. 머슴애들하고는 말도 못 하게 했어. 학교도 안 보내주고. 그때 김호성이라는 면서기가 개성읍에서 온 전도사 선생이랑 야학을 만들었단 말이야. 그 학교 못 가는 가난한 아이들 데려다 글을 가르치고 그랬지. 할머니 몰래 다니다 들켜서 싸릿대 있잖아. 목침 위에 올라가 낭창한 그 싸릿대로 종아리 많이 맞았지. 지렁이 같이 시커멓게 들러붙어 있는 맷자국 때문에 아주 형편없었어."

돼지기름, 들기름으로 밥해먹을 불을 피우던 시절, 집에 기름이 떨어지자 외할머니는 손녀에게 석유 심부름을 시켰다. 그 심부름 길에 어린 김연순은 야학 여선생님을 만나게 된다. 그리고 선생님이 내민 한 장의 사진은 13살 소녀의 인생에 새로운 전환점을 가져다주었다.

1935년, 개성 제일야학 당시
자신의 얼굴이 초라하다며 손톱으로 긁어내셨다.

"보자기에 싸인 사진 하나를 보여 주면서 예수님이래. 그렇게 하나님을 처음 만났어."

종교를 가지게 된 이후로 외할머니가 열두 군데를 돌아다니면서 고사를 지내는 모습이 할머니는 눈에는 영 마뜩잖아졌다.

"그래 할머니에게 그랬지. 당신 자식 다 죽은 이 땅에다 머할라고 고사를 지내냐, 사람도 못 먹는 밥을 한 바가지씩 귀신한테 주고 버리냐고 대들었지 않갓어? 그랬는데 그 호랑이 같은 할머니가 듣고 보니 네 말도 맞다 그러면서 더 고사를 안 지내는 거지. 아무리 생각해도 신기해. 다 하나님이 시킨 것 같아."

15살 무렵, 외할머니는 혼기가 찬 당신의 손녀딸을 위해 데릴사위를 들이려 했지만 김연순 할머니는 그 사람의 옷깃만 봐도 몸서리를 쳤다. 다행히도 사촌고모의 도움을 받아 서울로 도피 아닌 도피를 떠났다. 외할머니는 손녀딸 행방이 묘연해지자 온 동네 우물이란 우물과 개울가 풀숲을 여러 날 뒤지고 다녔다 하셨다. 하나뿐인 손녀가 죽었다고만 생각하셨던 것이다.

서울로 상경한 후 목욕탕이 딸린 일본 사람의 집에서 일을 했다. 아이가 다섯인 집이라 정신없이 바쁜 나날들을 보냈다. 처음에는 음식도 입에 맞지 않아 먹을 수가 없었다. 그러나 음식이 차츰 익숙해지면서 밍밍한 음식도 할머니에게 먹을 만해졌다.

하루는 옥상에서 빨래를 너는데 옆집 남자가 말하기를 '석 달을 못 버티는 집에서 1년이 다 되도록 일하는 것이 기특하다'며 일이 덜한 집을 소개시켜 주겠다고 했다. 그렇게 해서 소개를 받아 간 곳이 백화점 지배인의 집이었다. 안주인이 아이를 못 낳아서 동생 딸을 수양딸 삼아 키우던 집이었는데, 그 집 사람들은 할머니에게 여러모로 친절하게 대해 주었다. 주인내외의 의식 수준이 높았던 집인 듯했다. 그 집에서 3년을 수월하게 지냈다. 나중에는 주인내외가 할머니를 데리고 일본에 같이 들어가려고까지 했으나 김연순 할머니는 고향에 홀로 계신 외할머니 때문에 선뜻 따라나서질 못했다.

일본으로 다시 돌아가던 일본인 부부는 딸아이의 목에 걸려있던 목걸이를 작별의 선물로 할머니에게 남기고 떠났다. 잊지 말자는 하나의 표식이었을까? 이제는 모두 낡은 한 장의 사진으로 남아있다. 가끔 그때를 회상하며 그 사람들과 일본으로 갔더라면 어땠을까 할머니는 생각해 본다.

고된 4년간의 서울살이 생활을 청산하고서 고향으로 돌아갔을 때, 외할머니는 죽은 줄로만 알았던 손녀딸과의 재회를 무척이나 반가워하셨다. 그렇게나 세던 고집은 어디로 가버리고 오직 손녀딸에게만 의지하는 외로운 외할머니의 모습만이 덩그러니 남아 있을 뿐이었다. 그렇게 김연순 할머니는 다시 외할머니를 모시고 바느질품을 팔아가며 4년간을 함께 생활했다. 정신대에 끌려 갈 뻔했던 위험천만한 순간도 있었지만 부락 이장으로 있던 사촌고모의 도움으로 간신히 면할 수 있었다.

1945년 일제강점기에서 해방이 되던 그 시절에 할머니는 장단군 군내면 조산리의 부잣집 둘째 아들 김덕영을 사촌고모의 소개로 만나 결혼에 이르게 된다. 할머니는 가난한, 게다가 고아나 다름없는 자신에게 남편은 애초에 결혼 상대자로 과분한 사람이었다 말한다.

"남편은 전부인과 사별하고 애가 둘 딸린 부잣집 둘째 아들이었어. 음력 8월 15일 날 만나서 그믐에 했으니 보름 만에 시집을 간 거지."

1978년 남편과 금보여인숙 마당에서

"우리 시부가 땅을 만평을 가지고 해마다 천 평씩 늘려 인삼을 심고 그랬다고. 한 자리에 또 심으면 효과가 없대. 10년이 넘어가야 땅의 효력이 있대. 올해는 이 밭에 심구, 다음 해에는 저 밭에 또 심구. 7~8월이면 삼을 캐고 봄에는 삼을 심궈. 지금은 시상이 좋아서 검은 비닐로 덮으면 되지만 옛날엔 짚으로 엮고 솔가지를 꺾어가지고 덮었어. 인삼은 그늘에서만 자라지 햇볕에서는 효과가 없대. 삼은 얼만큼 심구냐면은 무릎팍까지 땅을 파. 파가지고 벌어진 채 잡고서야 삼을 심궈. 사람의 노력을 많이 들여서 심었기 때문에 인삼이라고 하면 최고로 쳤지. 아닌 게 아니라 시댁이 부자 소리 들었어."

해방 이전 일본인들의 수탈이 심했던 당시에는 쌀이며, 유기그릇이며 남아 날 것 없이 죄다 빼앗김을 당했다. 가난하고 없이 살았던 형편이었지만 일 년에 몇 가마씩 쌀이 나오는 땅이 있었던 외할머니의 덕택으로 집안에 몰래 숨겨놓을 쌀가마가 남아 있었다. 할머니와 손녀딸 둘이서만 사는 가난한 집이라 먹을 양식조차 없을 거란 이야기로 일본인들의 수색에서 운 좋게 비켜갈 수 있었다.

"일본 사람들이 작대기로 두들겨 가면서 쌀 숨겨 놓은 걸 기가 막히게 찾아내서 다 뺏어 가던 때란 말이지. 아무리 부잣집이라도 쌀이 귀했거든. 묵은 쌀 세 가마를 들고 시집을 갔는데 어떻게 그렇게 많은 쌀을 들키지 않고 숨겨 놓았냐면서 신기해 해. 시부가 삼밭의 일꾼들한테 전부 자랑을 했다고. 큰 동서한테 살림 배우면서 삼 농사 크게 짓던 시댁 일꾼들 밥해 날라 가며 시집살이를 했어. 아이 둘을 더 낳아 전실 자식까지 넷을 길렀지."

부유 : 생과 사를 넘던 그날들

1945년 8월 15일, 대한민국은 일본의 통치 아래에서 해방되었다. 그 통치 지역이었던 한반도에는 군사 편의에 따라 38선을 경계로 남과 북으로 갈리게 되었고 미국과 소련 양군에 의하여 분할, 점령되었다. 미국과 소련이 그어 놓은 잠정적 군사분계선이었던 38선은 이제 남북한이 각각 별개의 정부를 수립함으로써 국경 아닌 국경선이 되어버렸다. 1950년 6.25 전쟁이 발발하기 이전에도 38선 부근에서는 간헐적으로 국지전이 일어났다. 장단군 대성동 마을은 그 전쟁의 정점에 위치해 있었다.

그 당시 남편은 서울에 있는 소방서에 취직이 되어 장단군과 서울을 바삐 오갔다. 주중에는 서울에서 직장생활을, 주일날에는 집으로 올라와 서울서 한 주 동안 먹을 쌀이며 김치 같은 식량을 깡통에 담아서 다시 서울로 내려가는 생활을 반복했다. 땅을 재는 토목과 출신이었던 남편은 경찰이나 여타의 다른 직업은 마음에 없었고 학생을 가르치는 교편직에 몸담고 싶다며 공부를 다시 시작했다. 개성읍으로 들어가 6개월 동안 자취생활을 하며 공부한 덕택으로 어렵지 않게 교편직을 붙잡게 되었다.

금보여인숙 故김연순 할머니는
그토록 염원하던 통일을 보지 못하고
작년 어느날 돌아가셨다는 소식을 들었다.

제일 먼저 발령이 난 곳은 수원 고색초등학교였다. 당시 식구라고는 전실 자식 둘과 내가 낳은 자식 둘에 외할머니까지, 여섯 식구였다. 여섯 식구를 끌고 생활하기가 벅찼던 남편은 홀로 수원엘 먼저 나왔다. 할머니는 또 다시 남편과 떨어져 지낼 수밖에 없는 상황에 직면했다. 그사이 마을에서는 몇 번의 전투가 벌어졌고 이북에서 군인들이 쳐들어오기 시작했다. 끔찍했던 세월이었다. 대성동마을 옆에 위치한 장단마을이란 곳에서는 7,80호 가까이 되는 집들이 모여 있었는데 한밤중 비행기가 와서는 휘발유를 뿌리고 불을 질렀다.

그 난리통에 사람들은 모두 땅을 파고 서까래를 지고 굴을 파 들어갔다. 연기에 질식해 땅속에서도 죽어나간 사람들도 여럿 있었다. 마을 사람이 죽고 소 아홉 필이 불에 타 죽고, 마을은 아비규환 그 자체였다. 할머니 역시도 살아야겠다는 생각으로 땅굴을 팠다. 10살 된 딸과 함께 말이다.

"갓난쟁이 아이는 등에다 업고 굴을 팠지 내가. 어린 딸은 세숫대야에 다 파는 대로 흙을 담아서는 '야 청자야. 이거 내다버려라.' 하면 말을 잘 들어. 아무도 없으니깐 그래도 사는 데까진 살려고 그만치 앉아선 흙을 담아다주면 갖다버리고. 굴 아가리를 요만큼 잡아가지고 넓이는 두 갑절 되게, 사람 구부리고 댕길만하게. 그리고 여기다 짚을 깔고 공석을 깔고 이불을 덮으면 훈훈한 게 잘 만해."

김연순 할머니는 1년여란 시간 동안 전쟁의 중심에 놓인 마을, 그 차디찬 땅속에서 한 해 겨울을 나야만 했다. 마을로 이북군인이 내려와 한 손에는 전화줄을, 다른 한 손에는 땅 파는 곡괭이를 들고는 먹을 것을 찾아다니곤 했단다. 마을 주민들도, 남과 북의 군인도 모두가 배고프던 시절이었다.

"그리고 한 해 겨울을 지나고 나니깐 남쪽 군인이 또 도로 찾아 올러오기 시작한 거야. 그니깐 그 장단군 대성동 마을이란 데가 밀물썰물 모냥으로 왔다갔다 허기를 아마 횟수로 치면 1~2년 걸리지 않았을까."

할머니는 자신의 걸어온 길을 회상하시며 '그렇게도 살았던 사람이 있었다니…'라며 홀로 작은 탄식을 내뱉으셨다.

그사이 큰시숙과 남편이 먼저 남으로 내려갔다. 그리고 1.4후퇴 무렵, 장단군에서 남편과 형님동생하며 절친하게 지내던 양씨라는 이가 트럭 한 대를 몰고 대성동 마을을 찾아왔다. 교편직에 잠시 몸담았던 양씨는 그 뒤 육군사관학교를 나와 군대에 있었던지라 가장 먼저 우리 편에 차를 보내주어 제때 난리를 피할 수 있었다.

"그 정신없는 중에도 옷가지 챙기는 것보다 먹을 게 중요하것다 싶은 거야. 집에 있는 웬만한 쌀가마하고 재봉틀만 들고 피난길에 올랐지. 다른 건 다 버리고. 아래쪽으로 내려 간다길래 땅이 낮은 덴 줄 알았지 않갓어? 가는데 어찌나 산골짝인지 아주, 아이구야… 많이도 굶었다. 풀이란 풀은 다 뜯어 먹어 안 먹어 본 풀이 없다니."

남편이 있는 문산으로 내려가 그곳에서 몇 개월을 지내고 다시 일산으로 와서는 또 몇 개월 있었는데도 가정집을 얻어서 피난살이를 해서 그런지 고생은 상대적으로 덜한 편이었다.
남편은 큰 아이를 데리고 문산에서 다시 수원까지 자전거를 타고 먼저 내려갔다. 1년간 문산에서 피난생활을 하다가 휴전이 되고 할머니는 남편이 있는 수원으로 내려왔다. 수원에 처음 정착한 곳은 고색동이었다. 사택이 따로 없어 삼거리 조씨네 행랑방에 근 2년을 지냈단다. 그 다음에는 반월 샘골로 교감 발령이 나서 3년을 지냈다. 할머니는 샘골 교회 다니며 기도도 많이 했다. 칠보로 발령이 났을 때는 5년간을 그곳에서 살았다. 외할머니는 칠보에서 89세의 나이로 세상을 뜨셨다. 장례를 치르면서 칠보 한 씨네 사람들에게 많은 신세를 졌다며 고맙다는 말을 되풀이하셨다. 그리고 나서는 과수원하던 권 교감네랑 바꾼 발령지에서 남편은 정년퇴임을 했다.

"새벽에 과수원 가운뎃길로 다니면서 기도를 다녔지. 그라믄 개가 컹컹 짖을 거 아이야. 권 교감네 집에 일하는 아이가 나를 보더니 그래. 지네 사모가 저 미친년 또 어디 가는갑다 하면서 욕을 한다고. 그래서 내가 그랬지. 야, 니 사모가 옳다. 남들 다 자는 새벽에 돌아다니니 미친년 맞다."

굽이치는 할머니의 인생에 있어서 종교 없이 살기란 어려운 세월이었으리라. 죽을 마음도 여러 번 먹었었지만 그때마다 아이들을 생각했다. 모두가 하나님의 시험이라 생각하며 버텼단다.

"진흙이 토기쟁이 손에 만들어지듯이 하나님도 못난 나를 만들어 놓고 아직 안 깨트리는 건 어디 쓰임이 있어 그러겠구나. 안 그래? 토기쟁이가 지가 만든 그릇이 맘에 안 들면 깨부술 거 아니야? 햐, 인내로 돌고 도는 인생이구나. 내 목숨이 내 것이 아니니 또 살아보자. 하나님이 연장해 주는 만큼 열심히 살아보자 이러고 또 살았지."

정착 : 뿌리 없는 삶의 고단함

1977년 5월 5일은 할머니가 금보여인숙으로 이사를 들어온 날이다. 세월이야 어찌되었든 남편은 교장으로 정년퇴임을 했고 그 퇴직금으로 지금의 금보여인숙을 장만하였다. 지나가던 행인이 이사 잘 왔다며, 부자되겠네요 라는 기분 좋은 한마디를 남기고 가던 바로 그날이다.

"그때 이 집이 생긴 지 60년이 넘었다 했으니 지금이 몇 년이야. 100년이 다 넘은 거이지. 아주 형편없어져 가는 거를 우리 아들이 다 고쳐가면서 살고 있다구."

퇴직금 1700만 원을 받아 700만 원은 남편의 오락 빚 갚는 돈으로 들어가고 1,200만 원 하는 이 집을 샀는데도 200만 원이 모자라 간신히 돈을 만들어 빚을 갚았다. 남편은 계속 집을 잡혀 빚을 만들었고, 다시 그 빚 갚기를 수차례. 나중에는 아예 집문서를 며느리 방에 숨겨놓고

내주지 않았단다. 할머니의 속은 영감의 빚으로 시커멓게 타들어갔다. 그래도 여전히 북수동 금보여인숙은 건재하다. 수많은 사람들이 이 여인숙을 드나들었고, 별의별 손님들을 만나고 헤어졌다.

"이 근방이 다 여인숙이었어. 와룡여인숙, 서울여인숙…. 이 집도 살 때 여인숙이었지. 옆집 공사하기 전에는 햇볕이 잘 들어 국화가 잘 됐지 뭐야. 지나가는 사람들이 국화 구경하러 일부러 들어오고 그랬단 말이지. 근데 이제는 해가 안 드니끼니 국화가 안 돼. 그거이 많이 아쉽다. 뱉에뱉 손님이 다 있었지. 여자헌티 버림받고 지 손가락 자르는 놈, 꼬챙이로 팔을 찌르는 놈, 똥을 싸고 이불로 덮어 놓는 놈, 숙박비 떼 먹고 도망가는 놈들도 하나둘이 아니야. 색시들이 남자들 델꼬 와서 자고 가던 시절에는 그래도 좀 나았어. 그때 방심부름 하는 아이(조바)를 뒀는데 이 아이가 영 게을시런거라. 물을 끓여서 주전자에 부어야 하지 않갓어? 그런데 언제 다 하냐고 보리차를 맹물에 타서 담는 거야. 햐, 이거 이거 내가 하나님을 믿는 사람인데 이라면 안 되것구나. 그래 그 아이를 내보내고 그 다음부텀 내가 쭉 이 방에서 조바 노릇을 했지."

수여고에 다니던 재주 많은 셋째 딸은 뭐든 한 번 보면 그대로 따라 해서 공부도 잘 하고 솜씨도 좋았다. 그러나 그런 아이를 연탄가스로 먼저 보냈다. 몇 년 전 교통사고로 아들 하나를 또 보내고, 현재는 할머니가 낳은 큰 아들 내외와 같이 살고 있다. 둘째 아들도 먼저 세상을 뜨고, 아이 셋이 할머니를 앞서 먼저 갔다. 다행히 전실 자식들은 지금까지 잘 살고 있다.

"막내 딸내미가 저 문간방에서 피아노 석 대 놓고 애들 가르쳤어. 사람은 고생이 복이라. 내가 자석들을 많이 가르치지는 못했어도 지들이 배워 앞가림들 다 하는 거야. 큰딸은 바이올린. 둘째 딸은 피아노. 다 교회 봉사함서 하나님 품안에 잘 지낸다."

"넘들은 빚내서 아이들 공부시키고 하더라만 형편이 안 되는데 억지로 공부하는 것도 순리가 아닌 거이야. 바보짓 안 하고 넘한테 손 안 벌리고 살면 그기 상덕이지. 요새 사람들이 어디 못 배워서 세상이 이리 시끄럽나. 잘 배워야 돼. 몸으로 배워야 되는 거야."
남편은 79세의 나이로 먼저 세상을 떴다. 아흔까지 같이 살아보자는 약속에도 불구하고 할머니를 두고선 먼 길을 떠난 것이다. 할머니만이 그 약속 홀로 지켰다.

"영감하고 90까지는 살아 보자 했지. 영감님은 일흔 아홉에 먼저 갔어. 나만 90을 넘겼지. 한 달 내도록 잠만 자더라고. 휘청휘청 걷지를 못해. 아주대(병원)도 가고 후생병원도 가고 했는데도 그냥 노환이래. 계속 먹지를 못하고 딸꾹질만 하는 거야. 거 집에 다니면서 영양주사 놔주는 이들 있잖어. 그 나그네한테 오천 원 주고 주사를 맞았는데도 똑같아. 그러고 한 13일 만에 세상 떴지."

남편은 세상을 뜨기 전 목사를 불러 재산 정리를 말끔히 마쳤다. 괜한 분란은 애초에 만들지 않겠다면서 말이다.

"내 앞으로 된 재산이 있으면 뭐 할 거야. 나도 금방 가. 그래도 이 여인숙 사업자등록증에는 아직 김.연.순 내 이름 석 자가 박혀 있단 말이지."
그리고 할머니는 남편이 숨을 거둔 뒤에 늦깎이 한글 공부를 시작했다. 친절하고 좋은 선생님 만나서 금방 익혔단다. 이제는 어떤 책이든 돋보

기안경 너머로 글자를 더듬더듬이나마 천천히 읽어내려 갈 수 있게 되었다. 한글을 깨치는 데 있어서 할머니 인생에서는 더없는 성취감이자 자부심이 되셨으리라.

"내가 야학에서 가갸거겨 배우다 (받침)기역을 못 얹어서 글을 못 배웠지만서도 세상 이치는 좀 알어. 우리 같은 늙은이들이 뭘 알까 싶어도 죽을 날이 가까우면 보이거든. 아무리 정치가 앞서도 백성이 똑바르지 않으면 세상은 안 바뀌는 거야. 가족도 마찬가지지. 하나만 잘 나면 그게 뭐냔 말이야. 다 자기 자리에서 책임을 맡어야 누구한테 피해가 안 가는 거야. 내가 이 나이 먹도록 몸을 움직거리는 것도 다 그런 까닭인 거이지. 이래 텔레비를 보다 보믄 햐, 우리나라 사람들 아직 형편없구나 싶을 때가 많아. 일거리가 없어서가 아니라 일을 안 할라고 하는 것 같단 말이지. 거머리를 떼어 낼 새도 없이 논에서 일하고 머리가 벗겨지도록 짐을 이어 나르며 살던 사람들이라 우리는 집에 가만히 앉어 있질 못한단 말이야. 힘들이지 않고 어떻게 밥이 입에 들어 오갓어?
이리 구르마를 끌고 골목을 다니다 보믄 꽃 같은 처녀들이 담배를 피우고 있어. 저 꽃 같은 아이들이 어쩌려고 저러나, 좋게 이야기하믄 얼른 끄면서 '안 피울게요.' 하는 이가 있고 그러거나 말거나 계속 피우는 이가 있단 말이야. 햐, 이거 누구의 귀를 울려 이것을 바로 세울까 싶을 때가 많아."

고된 세월을 참고 견뎌온 할머니의 일상은 여전히 분주하다. 오전에는 버려진 유모차 위에 폐지와 빈병들을 실어 고물상에 넘기고 오후에는 함석판으로 둘러싸인 밭에서 고구마도 캐고 구기자도 거둔다. 폐지 수집하여 얻은 돈으로는 본인보다 더 어려운 이웃을 위해 기부를 하시고 주일마다 성경책 한 권을 들고 교회를 다니시며 기도에 여념 없는 삶을 살아내신다. 그리고 계속하여 작은 쪽방, 할머니의 자리에서 금보여인숙을 지키고 계신다.

"이 시간이라는 게 금쪽같은 거야. 시간 함부로 낭비하면 안 돼."
"내 멋대로 살면은 내 손해 와."
"옛날 사람 불쌍하다. 이렇게 좋은 세상 구경도 못해보고."

자신의 못난 얼굴이 싫어 사진 속 얼굴을 손톱으로 긁어내던 작은 아이에서 이제는 세월 지나 늙을 대로 늙어버린 이 나이에 손해 볼 것도 부끄러울 것도 없다는 할머니로 살아오기까지, 아흔 해를 훌쩍 넘긴 할머니의 지난 이야기들은 쉴 새 없이 이어졌다. 그 실타래처럼 얽히고설킨 이야기들을 풀어내면서 한국근대현사를 관통하는 격동의 세월을 살아냈던 작고 힘없던, 그러나 당차고 강단 있었던 한 여인의 삶을 내밀히 들여다볼 수 있었다. 모진 세월, 모진 풍파를 다 겪어내시고도 세상에 감사할 일이 많다는 할머니에게 평온한 지금의 시간들이 좀 더 오래 지속되기를 바라본다.

한 권의 책이 된 사람들. 열

막다른 길을 품은 동네 속
길다방 커피의 정겨움

글 이경이

최대자 할아버지 이야기

막다른 길을 품은 동네 속
길다방 커피의 정겨움

이 구석진 데 머 볼 거 있다고 와

언덕 아래에서는 커다란 포클레인이 무너진 건물 잔해를 치우고 땅을 다지고 있다. 무섭게 웅웅거리는 기계소리를 벗어나려고 빠른 걸음으로 언덕을 오른다. 좁은 골목과 허름한 집들이 나타났다. 낮게 엎드린 집 위로 성곽이 보이고 주차한 차들이 보인다. 아래에서 보니 집 위에 차가 앉은 모양새다. 대낮에 낯선 여자가 골목을 어슬렁거리는 게 못마땅한지 집 앞에 나와 햇볕을 쬐고 있던 할머니가 묻는다.

"머 하러 왔디야? 누구 찾아왔는가? 또 사진 찍으러 왔소?"

남수동은 골목의 아름다움과 추억을 간직하고자 하는 이들에게는 기록하고 아껴야 할 소중한 삶의 현장으로, 주민들에게는 화성이라는 커다란 문화유산의 보존과 생존권 사이에서 끊임없이 갈등하고 있는 곳이다. 카메라로 삶터 여기저기를 찍어대는 사람들이 못마땅할 수도 있으리라. 개발한다고 했다가 돈 없다고 계획을 엎어 버리고, 물이 새는 지붕이라도 고치게 해달라고 하면 모르쇠 등 돌리는 위정자들도 원망스러울 것이다.

"그냥, 놀러 왔어요. 옛날에 살던 고향집 동네가 생각나서요."
"고향이 워딘디?"
"통영인데요."
"먼 데서도 왔구만. 머 볼 거 있다고 이런 디를 귀경 와. 요새 젊은 사람들은 참 할 일도 없는개벼. 저번 참에도 서너 명이 우르르 몰려댕김서 사진기 들고 연방 여그저그 찍어 쌌드만."
"아, 젊은 사람들이 자주 오면 좋지 뭘 그래요."

골목 맞은편 양철 대문을 열고 나오신 할아버지가 우물쭈물하고 있는 나를 대신해 한마디 한다. 할아버지도 의자에 앉아 담배에 불을 붙인다. 얇고 길쭉한 '라일락' 담배다. 며칠 어두컴컴한 날씨 탓에 온몸이 쑤셔 애먹었노라, 할머니도 체했는지 하루 종일 구들장만 지고 누웠노라 한다. 군데군데 의자가 놓여 있는 이곳은 큰 택배차도 드나들 만큼 꽤 길이 넓다. 삼거리라 여기저기서 올라오는 사람과 차들을 다 볼 수 있다.
유난히 비어 있는 화분들이 많아 꽃을 좋아하는 분들이 많이 사는 것 같다고 하니 꽃보다 고추나 상추를 심어 먹는 집이 많아서 그렇단다. 그날도 옆집에서 메주를 띄운다고 달걀로 소금농도를 맞춰야 제대로 된다, 뭘 그런 걸 달걀까지 띄워야 아느냐 당신은 소금 척 한 번 뿌리

현재 '남수동 길다방'과 최대자 어르신 집은
도로가 나면서 지금은 모두 이주 하였습니다.

한 권의 책이 된 사람들

면 기가 막히게 간장이며 된장 간이 딱 맞는다 하며 한참 동안 이야기를 나누신다. 옛날로 따지면 엄연히 성안 동네라는 자부심과 한국전쟁 후 과부들이 모여 살아서 '과부촌'이라 알려졌다는 동네 내력까지 듣다 보니 해가 저만치 기울고 있다.
할아버지가 타 주신커피가 다 식었다. 몇 살 먹었냐, 시집은 갔냐, 애들은 어디다 내버리고 이렇게 쏘다니느냐 질문이 쏟아진다. 짧게는 10년, 길게는 40년 넘게 살아온 남수동 어른들의 이야기는 끝도 없이 이어지고 모처럼 얼굴을 내민 봄 햇살이 골목 한 귀퉁이에 모여 앉은 사람들의 등을 따뜻하게 감싸고 있다.

사는 데가 고향이제

할아버지가 피우던 담배 '라일락'을 한 '보루' 샀다. 아버지가 피우는 담배랑 같다. 어쩐지 나이도 같을 것 같다. 할머니가 체해 밥도 못 먹고 누워 계신다길래 죽도 한 그릇 샀다. 골목을 오르는데 어제보다 더 큰 소리가 들린다. 오늘은 골목에 아스팔트를 까느라 탱크처럼 큰 차가 골목을 꽉 막은 채 공사를 하고 있다. 일하는 게 마음에 안 드는지 동네 어른들이 나와 이것저것 말씀이 많으시다.

"아, 여기도 거기처럼 고운 아스팔트를 깔고 쎄게 눌러줘야 할 거 아녀. 여기는 대충 이 자갈같이 굵은 것들 뿌려 놓고 잘 눌러주지도 않으면 어글어글 다 일어나고 물이 전부 집 마당으로 흘러 들어오잖여! 안 그래도 물이 많아 흙이 무른 땅인디 일을 할라믄 똑바로 해줘야제."
"어르신, 거기도 곧 여기처럼 깔끔하게 마무리해 드릴 거예요. 오늘은 여기부터 하고요."

"아, 내가 한두 번 속아? 맨날 말만 하고 한번 가면 함흥차사잖여. 나이 들고 힘없는 사람들만 사니까 대충하는 거 아녀"

할아버지 호통에 기사님이 쩔쩔맨다. 사실 기사님도 힘이 없긴 마찬가지다. 할당된 구역만 하고 떠나면 되는 사람이기 때문이다. 할아버지의 야단을 들어야 할 사람들은 따로 있을 것이다. 드잡이라도 벌어지나 가슴 졸였는데 사람 좋게 웃으며 설명하는 기사님 덕에 잘 넘어갔다.

"할아버지, 저 왔는데요."

그제야 나를 알아본 할아버지가 무뚝뚝하게 한마디 하신다.

"또 왔어?"
"할머니 편찮으시다고 해서 죽 사왔는데요."
"머 할라고 그런 걸 사와. 들어가서 커피나 한잔 묵고 가."

알고 보니 할아버지네 대문 앞은 볕 좋은 날 남수동 어른들이 모여 함께 차를 마시는 길다방이었다. 정갈한 부엌에서 구수한 커피를 마신다. 노란 주전자에 팔팔 끓인 물을 부어야 제맛이라고, 안 그래도 할머니가 하도 못 먹어 죽을 사와야 하나 그러고 있었는데 고맙다고 하신다. 라일락 한 '보루'를 꺼냈을 때는 처음으로 환하게 웃어주신다.

"내가 병원에서 위험물 기사로 10년 일할 때는 담배를 끊었다고. 근디 말이여 요새는 이 담배에 화학성분을 넣어서 중독되게 만들잖어? 옛날보다 훨씬 독해. 그래서 더 끊기가 힘들어. 라일락 피는지는 워찌케 알

앉으까."

"저희 아버지도 라일락 피우세요. 할아버지랑 비슷한 연배시구요."

"그려? 내가 34년 갑술년 개띤디."

"네? 정말 같은 해에 나셨네요! 그래도 할아버지가 훨씬 더 정정해 보여요."

"허허허, 내가 예순여덟이라 해도 사람들이 다 믿제."

"남수동에 사신 지는 얼마나 되셨어요?"

"우리 아들 돌잔치를 이집에서 했응께, 인자 40년이 넘었제. 수원 올라온 게 67년도여. 태어난 디는 전라도 남원이라도 수원이 고향이나 마찬가지제. 오래 살았응께."
"할머니께서 몸이 약하신가 봐요."
"할머니가 젊어서부텀 고생 많이 했제. 그때는 다들 먹고 사는 일이 팍팍해서 고생들 많았잖여. 요새같이 음식이 흔하기를 혀, 전기가 제대로 들어오기를 혀. 일하다 다친 허리 땜에 궂은날에는 많이 힘들어해. 그래도 우리 아들하고 며느리가 노인네 둘 챙기느라 애를 많이 써. 고맙제. 지들 살기도 힘들 거인디. 며느리가 참 착해."

몇 번이고 고맙다는 할아버지의 인사를 뒤로하고 골목을 걷는다. 지난 겨울에 들어 온 도시가스 배관이 벽을 휘감고 있다. 기름값이 무섭게 오르는데 어르신들 난방비 걱정은 좀 줄었겠다.

나 할머니 아니야, 단비 엄마야

봄이 오기는 올까. 3월인데도 바람이 매섭다. 등을 잔뜩 움츠리고 하릴없이 남수동 언덕길을 오른다. 지동으로 건너가는 굴다리쯤 가면 차 소리는 거의 안 들린다. 우리 생활에서 자동차의 속도와 소리, 매연만 제거해도 삶의 질이 확 달라지지 않을까 싶다. 차 소리가 멀어지니 비로소 내 숨소리와 발자국 소리, 바람 소리가 귀에 들어온다. 지금부터 시간은 멈춰 있거나 천천히 흐를 것이다. 성곽을 따라 걷다보면 돌덩이들이 품은 시간과 걷는 이의 숨소리가 합해져 새로운 시간대가 생겨난다. 누구에겐가 떠밀리듯 정신없이 살아온 사람일지라도 성곽 돌담에 기대어 앉아 남수동 골목과 낮은 지붕들을 바라보면 고여 있는 시간의 아름다움에 잠시나마 아득함을 느낄지도 모르겠다. 그때엔 이곳이 개발이 안 된 불편한 공간이 아니라 이미 통제할 수 없는 지경이 된, 세상의 속도와 시간대를 벗어난 귀한 공간으로 다시 보이지 않을까. 할아버지가 옳았다. 다시 찾은 길다방 주변의 아스팔트는 그대로였다. 이젠 아예 노란 경계선까지 칠해놔 더 이상 추가로 깔끔한 마무리 공사를 할 계획이 없음을 말없이 알리고 있다. 길다방이 북적북적하다. 오늘은 강아지도 한 마리 마실을 나왔네.

"안녕하세요, 할머니. 누구네 강아지예요."
"어, 또 왔어? 우리 딸이 사준 강아지여. 엄마 심심할까봐 사줬지. 그리고 나 할머니 아니야. 단비 엄마야."

몸이 불편한 아주머니를 지레 할머니라 짐작하고 부른 내 잘못이다.

"죄송해요."
"죄송하긴 뭘. 이 동네에서는 내가 젊은 축에 속해."

단비(강아지 이름)는 느릿느릿 사람들 사이를 걸어 다닌다. 어른들이 재롱 좀 부려 보라 해도 심드렁한 눈빛으로 한번 돌아볼 뿐 좀체 까불지 않는다.

"애가 이래 보여도 사람 나이로 치면 환갑이야. 막걸리나 한잔 주면 꼬리치지 엔간해서는 재롱을 안 부려요. 저 아래 남수동 시장 골목에 막걸리집이 하나 있는데 거기 가면 막 뻐대고 안 갈라고 그래. 지난번 산책 갔을 때 막걸리 한잔 얻어먹고는 술맛을 알아버린 거여."

골목박물관, 한 권의 책이 되다

단비는 불편한 주인의 걸음걸이에 맞춰 천천히 걸을 줄 아는 좋은 친구다. 막걸리 집 앞을 지날 때 멈춰 서서 입맛을 다시고 있을 단비를 생각하니 웃음이 절로 난다. 아주머니 발 아래서 이런저런 소리를 듣던 단비가 일어나더니 빠르지 않게 걸으며 봄볕이 가득한 골목 안으로 사라진다.

"단비야! 엄마랑 같이 가야지."

아주머니도 단비를 따라 일어난다. 길다방에도 심술궂은 봄바람이 잠시 잦아들고 따뜻한 봄볕이 쏟아져 내린다.

개발된다고 다 좋은 건 아녀

"바람이 찬께 들어와서 커피 묵고 가. 할머니도 인자 다 나았어."

할아버지가 만든 초인종을 누르면 문이 열린다. 손재주가 좋은 할아버지는 뭐든 잘 만든다. 전기가 귀할 때는 발전기도 만들어 쓰셨다고 한다.

"아이고, 죽 고맙게 잘 먹었어. 그라고 이리 누추한 데를 머할라고 자꾸 찾아와."
"누추하긴 뭐가 누추해! 이만한 집 구하기가 어디 쉬운 줄 알어? 개발되면 다 좋은 집에서 살 것처럼 해싸도 세상에 공짜 없는 법이여. 우리 같은 노인네들이 가면 어디로 가겠어. 공기 좋고 아직까지는 사람 사는 것같이 골목이 북적북적하는 여기가 좋은 데지. 이 집도 세 번이나 뿌수고 쫒아낼라고 하는 거를 내가 다시 벽돌 한장 한장 올려가며 지킨

곳이여. 요새 사람들 물이며 전기며 아까운 줄 모르고 펑펑 쓰는데, 그리 살면 안 되는 거여. 하루 세끼 밥 먹고 누워 잘 자리 있으면 부자제. 누추하기는 뭐가 누추해!"

할아버지 역정에 할머니 얼굴이 어두워진다. 버스에서 내려 가파른 언덕배기를 한참 걸어 올라오고 찬바람이 숭숭 들어오는 마당에서 한겨울에도 머리를 감아야 하는 할머니 자리에서는 이곳이 떠나고 싶은 동네일 수도 있겠다.

"살라고만 하믄 다 살게 되어 있어. 괜히 개발 바람 들어가지고 노인네 이빠지는 것 맹키로 여기 한 군데 저기 한 군데 헐려 제끼니까 사람들 마음이 뒤숭숭해 그렇지. 제발 살고 있는 사람들 마음에 분란 만드는 그런 개발 말고 진득허니 멀리 내다보는 개발을 하면 좋것어. 복원도 중요하고 개발도 중요하지만 사는 사람들이 맘 편하게 사는 것도 중요하잖여."

할아버지 이야기를 쓰고 싶다고 하니 훌륭한 사람도 아닌데 써서 뭐 하겠냐 하신다. 누가 읽겠냐 하신다. 거칠고 힘든 현대사를 온몸으로 통과해 온 할아버지, 할머니들의 삶이 훌륭한 삶이라고 배우는 시대라면 좋겠다. 자존감을 잃지 않을 만큼의 가난이 더 가지지 못해 안달하는 삶보다 훨씬 아름다운 거라 여기는 세상이면 좋겠다.

남수동 골목을 걸어보자. 손바닥만 한 텃밭과 화분, 스티로폼 박스에 심어놓은 푸성귀와 꽃들을 볼 수 있을 것이다. 벽을 타고 오르는 담쟁이 푸른 잎을 만질 수 있고 가꾸지 않아 더 아름다운 나무들의 새순을

한 권의 책이 된 사람들

만날 수 있을 것이다. 무엇보다 구불구불 이어진 골목을 걷다보면 쭉 뻗은 길로만 가는 것이 얼마나 재미없는 것인지 알게 될 것이다. 운이 좋다면 숨차게 달려가는 자신의 영혼을 골목 어딘가에서 만나고 누군가에게 도둑질 당한 삶의 시곗바늘을 되찾게 될지도 모른다.

길다방에 들러 커피를 마셔보자. 때론 장 달이는 냄새가 코를 찌르고 애들은 어쩌고 세월 좋게 어정거리고 다니냐는 잔소리를 듣기도 하겠지만, 정직하게 나이 먹은 어른들의 맑은 얼굴이 커피향을 더욱 진하게 할 것이다. 단, 커피는 꼭 길다방 전용 노란 주전자에 팔팔 끓인 물로 타야 한다.

살림살이

사연을 모른다면 쳐다볼 일 없을 양동이가 이곳 골목박물관에서 사람 살아가는 일에 대해 이야기하고 있다.

손때 묻은 물건들에게는
삶의 역사가 지문처럼 남겨져 있다.
오랜 세월 이 물건들을
버리지 못한 채 살아온 이유다.

> 살림살이

그릇전

손맛이 스민 주방용품

주방용품 중에서 마을 어르신들이 가장 많이 소장하고 있었던 물품은 식기류였다. 옛날에는 시집올 때 혼수로 밥그릇, 국그릇을 가지고 오기도 했고, 살림이 좀 나아지면 가장 먼저 마련하는 것이 바로 식기류이기도 했다. 식구들의 입이 들고난 세월이 담긴 그릇을 쉽게 버리지 못하였던 것이다.

사기
그릇

음식을 정성스럽게 만드는 것만큼
담아내는 것도 정성이 들었다.

사기그릇

시집올 때부터 시어머니께서 쓰시던 것이다.
시댁은 6명의 시동생이 있었고,
이병희 어르신도 결혼하고 2남 4녀를 두었다.
워낙에 대식구였지만, 굶기를 밥 먹듯 했다.
안 해 본 일이 없을 정도로 닥치는대로 일해서
먹을 것을 장만해오면 사흘 굶은 시동생과 자녀들이
밥을 먹고 눈을 허옇게 뜨고 늘어졌다고 한다.
그렇게 굶어도 '엄마 밥 줘.' 소리 안 했던 착한 자녀들.
저 예쁜 그릇에 먹을 것을 꾹꾹 눌러 담아
먹일 수 있었다면 얼마나 좋았을까.

시어머니께서 물려주신 복자그릇

살림살이

복자 그릇(우리나라 최초의 일본공장에서 제조)

꽃무늬 접시

청색 띠접시와 밥그릇

남편 생일이 3월 15일이었는데,
생일상을 차리려고 보니 접시들이 영 성에 차지 않았다.
큰맘 먹고 사서 아주 요란하지는 않았지만,
소박하고 정갈하게 음식을 담아냈다.
이후 친척들이 놀러오거나 손님이 왔을 때,
그리고 가족들이 식사할 때도 음식을 담아냈던 소중한 접시들이다.
긴 세월 음식을 담으면서 흐뭇하고 기쁘게 썼을 것이다.

깨지지 않는 그릇

사기그릇은 잘 깨어지고, 놋쇠그릇은 관리하기가 힘들었다.
그래서 스테인레스로 만든 식기류가 인기를 끌었다.

유기그릇

놋수저

양동이

살림살이

스텐 그릇세트

냉면그릇

여기에 남는 밥을 담아
아랫목에 이불을 덮어 따뜻하게 보관했다.

입밥통

양은

양은은 구리, 아연, 니켈의 합금으로 은백색을 띠어 식기, 장식품, 악기, 동전 등에 쓰였다.
양은냄비는 양은이 아니라 알루미늄으로 만든다.

둥근 양은 쟁반

용선녀 할머니는
1976년 봄부터 매향동에 살았다고 한다.
오랫동안 살면서 아이들을 키워냈다.
밥을 아무리 꾹꾹 눌러담아도
밥 먹고 돌아서면 배고프다고 하는 게 아이들이다.
밥을 눌러담고 한쪽 귀퉁이에
김치나 멸치무침 같은 반찬을 담았다.

양은대야

도시락통

살림살이　　　　　　　　　　　　　　　　　　　　　　　　　188

양은 주전자

'시집 와서 남문서 바로 사신 것'이라는 메모가 있었다.

정사각형 양은쟁반

가운데 '福'자가 있고
경금속공업사 '범표'마크,
꽃무늬가 그려져 있다.
상다리가 세 개 달려있다.

양은 밥상

부엌에서 가장 많이, 오래 쓰이는 도구이다.
가마솥은 깨끗하게 닦아 기름칠하고 불에 구워서 늘 윤기가 반지르르 흐르게 유지했다.

아내의 보물 양은솥

1962년 영등포시장에서 샀다.
밥, 찌개, 나물 삶을 때 이리저리 유용하게 사용하던 솥이다.
연탄불에도 끄덕없었다. 오래 사용하다 보니 땜질을 해서 사용하고 있다.
아내와 함께 늙어가는 솥이어서 아내가 무척 아꼈다.

"이거 진짜 우리 마나님이 이거 신주 위하듯 하는 거예요.
이게 진짜 집에서 아주 마나님은 큰 보물이었는데 허허.
채소구 뭐구 사다 노면 여기다 삶어갖구 이게 양은솥이 얇으니까
빨리 끓거든요. 그래서 이게 아주 보물이지.
지금도 쓸 적마다 이거 생각을 해. 그래서 이거 못 버리구 있는 거지.
내가 벌써 버리라구 그랬는데 이게 때워서 양은테프로 붙이구 붙이구
그러면 또 몇 번 쓰구 몇 번 쓰구 그러니까. 다른 사람 같으면 벌써 버렸죠.
버려도 벌써 버려. 엄청 버렸지."

살림살이

솥

뚝배기

무쇠 가마솥

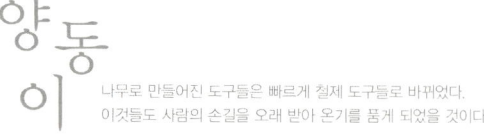
양동이

나무로 만들어진 도구들은 빠르게 철제 도구들로 바뀌었다.
이것들도 사람의 손길을 오래 받아 온기를 품게 되었을 것이다.

박복순 할머니는
1929년에 태어나 꽃다운 17살에 동네결혼을 하였다.
어느 날 남편이 양철을 사와서 직접 며칠을 두드리고
땜질하여 양동이를 만들어 선물로 주었다.
남편에게 받은 유일한 선물이었다.
이후 아이를 낳지 못한다고 소박당해 쫓겨났다.
어느 추운 겨울날 집앞에 놓인 업둥이를 홀로 키우며,
평생 남편이 준 양동이를 소중하게 간직했다.
박복순 할머니는 마지막에 이 양동이를
요양보호사에게 넘기고 하늘로 떠나셨다.

"15번을 넘게 이사를 하면서
이 양동이를 꼭 가지고 다녔지.
60년 세월을 함께 했어."

처음이자 마지막으로 받은 선물 양동이

법랑

금속 위에 유약을 발라 구운 그릇으로,
자기처럼 아름다운 그림을 넣을 수 있어서 한때 널리 쓰였다.

40년 된 법랑 찬통

박영숙 할머니는
지금 사는 집에서 45년이나 살았다.
집안 곳곳이 박영숙 할머니의 역사를 품고 있었다.
위에서 아래로 떨어지는 곡선이 멋스러운 이 찬통은
40년 전 남문시장에서 큰맘 먹고 샀다.
선물로 줄 것이 아니라 직접 쓰려고 꼼꼼하게 골랐다.
큰아이가 국민학교 1학년이 될 때 샀기에 지금도 생생하게 기억한다고.
아이들 소풍갈 때 정성껏 싼 도시락을 담기도 하고.
집안 대소사 때마다 꼭 이 찬통에 음식을 담았다.
할머니는 부녀회원으로 20년간 꾸준히 봉사활동을 하고 계신다.

법랑냄비　　　　　검은색 프라이팬

찬합

칸이 나눠진 찬합은 음식을 나눠서 담을 수 있었다.
옛날에는 외식이 드물어서 찬합에 도시락을 싸서 나갔다.

예를 갖춰 음식을 담은 팔각찬합

구절판을 하기에 딱 좋았고,
반찬을 다양하게 담아내기도 좋았다.
이병희 할머니는 고달픈 시집살이를 거쳐 아이를 낳아 기르고
또 잃기도 하면서 서럽고 아픈 세월동안
소박하고 정성스러운 음식을 담아 차려내었다.

장미무늬가 이쁜 빨간 찬합

정옥선 할머니는
아픈 남편 병간호에, 자식들 뒷바라지에
정신없이 바쁜 세월을 살았다.
그래도 음식을 담아내거나 어디로 음식을 싸서 갈 때는
정성스럽고 이쁘게 담아내야 했다.

꽃무늬 찬합세트

나무로 만든 주방도구

곡식을 고르고, 채소를 씻고, 삶아 행구어 물기를 빼고, 음식을 만들기 전 준비를 마치고, 음식을 담는 데 썼다.

박아지와 체

싸리나무로 엮은 원형 채반

유승록 어르신이
시골에서 키, 바구니 등을 메고
팔러 다니는 사람에게서 산 것이다.
김치를 담글 때 배추를 소금에 절였다가 물기를 빼야 하는데,
이때 소쿠리에 절인 배추를 뒤집어 놓고 물기를 뺐다.
명절이면 지난 달력이나 깨끗한 종이를 깔고
그 위에 튀김을 올려놓는 용도로 쓰기도 한다.

채소도 담고 세월도 담은 소쿠리

곡식 따위를 담고 까불러서
쭉정이·검부러기 등의
불순물을 제거하였다.

키

바구니

체

바구니함

통나무의 속을 파서 바가지처럼 만들었다.
이병희 어르신이 23살에 시집와서
여러 가지 음식을 담거나 버무리는데 썼는데.
그때도 이미 오래되었던 이 함지박은
일제시대 때부터 있었던 것이라고 한다.

일제시대부터 쓰던 함지박

함지박

다식(茶食)은 차를 마실 때 곁들이는 음식이다.
다섯가지 아름다운 빛깔로 잔칫상을 장식하거나
차를 마실 때 같이 곁들여 먹으면 은은한
차 향기와 어우러져서 독특한 맛을 느낄 수 있었다.
다식은 특별한 날이 되면 먹을 수 있었던 고급음식으로
아주 손이 많이 가는 음식이었다.
밤이나 송홧가루, 검정깨, 도토리, 녹두 녹말, 마 등을 넣어서 만들었다.
이 가루들을 꿀에 개어서 다식판에 넣어 모양을 냈다.
이병희 어르신 친정은 남부럽지 않게 살았는데,
시집가서 갖은 고생을 다했다고 한다.
어르신 인생에서 이 다식판은 얼마나 자주 쓰였을까.

특별한 날 꺼내 쓰던 다식판

살림살이

조리 도구

지금은 마트에서 모두 손질된 것들을 팔지만,
옛날에는 재료를 빻고, 갈아서 음식을 만들었다.

다양한 주걱

고추장 저을 때 쓰던 나무주걱

권기자 어르신이
시집오기 전부터 시어머니가
고추장 저을 때 쓴 것이다.
정확한 건 모르겠지만,
최소 30년 이상은
되었을 것이라고 한다.

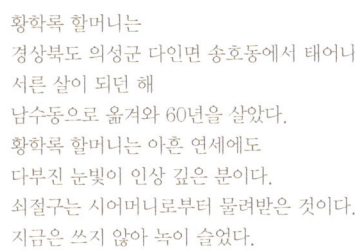

황학록 할머니는
경상북도 의성군 다인면 송호동에서 태어나
서른 살이 되던 해
남수동으로 옮겨와 60년을 살았다.
황학록 할머니는 아흔 연세에도
다부진 눈빛이 인상 깊은 분이다.
쇠절구는 시어머니로부터 물려받은 것이다.
지금은 쓰지 않아 녹이 슬었다.

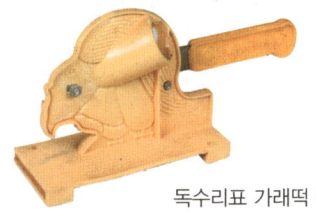

독수리표 가래떡 절단기

시어머니가 쓰시던 쇠절구

멧돌

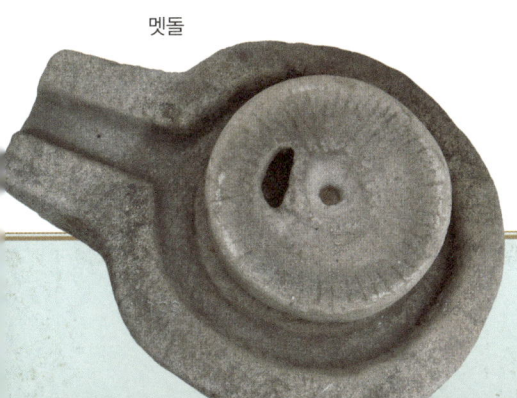

골목박물관, 한 권의 책이 되다

계량 도구

항상 정량보다 더 담았다. 파는 사람은 마음이 편했고,
사는 사람은 마음 빚지고 다시 찾았다.

아직도 거뜬한 현역 됫박

신영제분소에서 사용한 됫박

말통

매향동에는 40년이 넘은 쌀집이 있다.
허주하 할아버지는 연무쌀상회를 운영하며
동네 곳곳의 소식까지 담아 파셨다.
한 홉짜리 됫박은 쌀가게를 인수할 때
함께 받은 것이다.
됫박을 거쳐간 곡식이
얼마나 많은 이를 먹여 살렸을까?
됫박에 '곡용2미시리터'라고 새겨져 있다.

추저울

저울

살림살이 200

옹기

세상이 빠르게 변해도 쉽게 변하지 않는 것도 있다.
다양한 도자기들이 여전히 많이 쓰였다.

작은 항아리

젓갈 항아리

쌍화차잔

옛날에는 한약방에서 한약을 지으면
흰 종이에 1회 분량의 한약재를
소분하여 포장해 주었고,
이를 집에서 약탕기에 달여서 먹었다.
소포장 하나를 1첩, 20첩을 1재라고 했다.
아침에 1첩, 점심에 1첩을 달여서 먹고,
저녁에는 아침과 점심에
쓴 재료를 모아서 달여먹었다.
이렇게 1재는 보름치 약이었다.

약탕기

탄산
음료

맥주, 콜라, 사이다에 이어 우유가 들어간 탄산 등 다양한 탄산음료가 나타나기 시작했다. 공병회수를 위한 제도가 생겨났다.

오비비어, 크라운 상표가 새겨진 맥주잔과
칠성이라고 새겨진 음료수잔

유리잔

암바사는 국내에는 1984년
코카콜라에서 출시하였고,
밀키스는 1989년
롯데칠성음료에서 출시했다.
당시 인기 절정이었던 주윤발의
'사랑해요, 밀키스' 광고가
큰 인기를 끌었다.

초록색 음료수병

살림살이

가구전

윤이 나게 닦은 가구

가구는 실용적이기도 해야 하지만 무엇보다 아름다워야 했다. 이를 사용하는 사람의 취향에 따라 그 아름다움의 기준이 달라지는 것은 당연한 일. 때로는 화려해서 아름답고, 때로는 단순해서 기품이 넘친다. 아무리 변변치 않은 살림이라고 해도 가구는 늘 윤기가 흐를 정도로 매일 닦았다.

가구

문갑이나 장식장은 자잘한 물건들을 정리하여 넣고,
들꽃을 꺾어 꽂아서 집안을 장식하기도 했다.

자개문갑

나무문갑

화장대가 따로 없는 집에서는
문갑 종류 위에 작은 거울을 두어
화장대 대신 쓰기도 했다.

책이나 앨범을 꽂아두기도 하고
화병을 놓아 두기도 한 장식장.

장식장

자개장

자고 일어나서 이불을 그대로 놓아두는 것은
병이 났을 때를 제외하고는 상상조차 할 수 없는 일이었다.
장롱이 없으면 반듯하게 이불을 개어서
서랍장 위나 방 구석에 가지런히 두었다.

자개 화장대

옛날 어머니들이 가장 갖고 싶은
가구 중의 하나가 바로 화장대였다.

유리에 1984. 12. 21 묘수사라고 쓰여 있다.
보통 이사를 축하하거나 기념품으로
거울이나 벽시계가 흔하게 쓰였다.

거울

상

식사 시간에는 밥을 먹고, 학교 다녀와서는 책상으로,
손님이 오면 찻상으로 쓰기도 했다.

산, 해 등의 자개장식이 있는 상.
정갈하고 아름다운 상을 갖추어두는 것도
큰 대접이라고 생각했다.

자개상

미림방에서 만든 것이다.
서안은 책을 올려놓고
읽거나 글씨를 쓰는 상이다.
여닫이 문 안에는 손주에게 줄
간식거리가 들어있기도 했다.

서안장

소반은 한두 사람이 앉아 간단하게 식사를 하거나 차를 마시거나
때로는 저녁에 아이들이 숙제를 할 때 책상 대신 쓰이기도 했다.
수원상호신용금고에서 창립23주년을 기념하여 만들었다.
수원상호신용금고는 1971년에 설립.
2000년 초반 대표의 금융비리로 인해 도산하여
2천 명에 이르는 소상공인과 서민이 큰 피해를 입었다.

기념품 원형 소반

원형 소반

라디에이터

라디에이터가 뜨거워서
원목으로 된 덮개를 씌웠다.

옛날 양옥집에 부엌에 설치된
난방기구인 라디에이터 덮개.
열기가 충분히 빠져나가서
집을 데워야 해서
구멍이 숭숭 뚫려있었다.

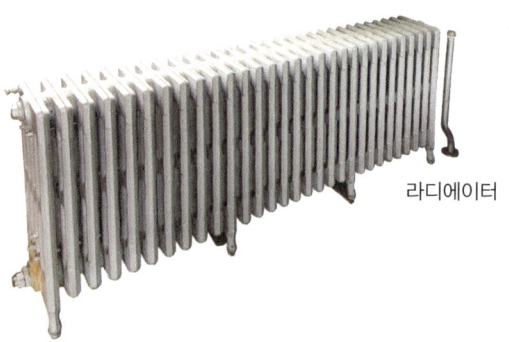

라디에이터

라디에이터 덮개

살림살이

생활용품전

손에 익은 생활용품

살아가는 데는 많은 물건들이 필요하다. 살림을 오래 살수록 짐이 점점 더 늘어났다. 꼭 필요한 물건들을 정리하고 분류하여 넣는 것도 큰 일이었지만, 쓸 사람이 사라져도 쉽게 버리지 못하는 물건들도 많았다.

가족
사진

현관문을 들어서면 제일 잘 보이는 곳에 두었다.
사랑스럽게 자주 들여다 보았기 때문이다.

마루위에 걸린 가족사진

고급스러운 문양이 새겨진 액자 속에는 결혼식 사진이 가장 많이 들어 있다.
이용재 할머니는 아버지 사업이 실패하고 형편이 어려워졌을 때 결혼했다.
평생 단 한 번뿐인 결혼식인만큼 아버지는 수원 평화예식장에서
식을 치르자고 하셨지만, 이용재 할머니가 끝끝내 거절하였다.
대신 친정집 앞마당에서 잔치를 열어 평생 잊지 못할 하루를 보냈다.
남편은 남을 배려하고 가정에 충실한 사람이었다.
젊을 때는 다시 태어나도 이런 우유부단한 사람하고 결혼하지 않겠다고 했지만,
지금은 아주 잘 만났다고 생각하신단다.

"큰일은 여기서 제일 많이 치렀죠. 좋은 일은,
액자에 있는 사진들을 보면 그때 생각이 생생해요."

시간

옛날에는 시계가 귀했다. 때때로 아이들이 시계 있는 집에 가서
시간을 알아오는 심부름을 하기도 했다.

할머니는 괘종시계 하나를 사기 위해 뜨개질을 하고,
생활비를 아껴 곗돈을 부었다.
오래되었어도 시간은 정확하게 울리는 괘종시계를 보며
조영호 어르신은 아내 자랑을 한다.

"우리 집사람은 월급 갖다 주면, (바닥에 긴 선을 그으며)
여기부터 여기까지 돈을 꺼내 가꾸 쭉 이렇게 늘어놔.
이건 뭐 수도세요, 전기세요, 애들 학비요.
이렇게 해가꾸 다문 백 원이구, 천 원이구 남아야
시장 가서 채소라도 사다 먹구 그러지.
외상질은 절대 안 하는 사람이야. 없으면 안 먹지.
그거를 가서 외상 주구 외상 먹으면,
또 그 다음에 월급타서 외상 먹어야 돼.
그래서 그런 생활을 한 거여, 우리는."

아내가 아끼고 모아 곗돈을 타서 산 괘종시계

자명종 시계

보관함

철제로 된 선물용 약통이 보관함으로 많이 쓰였다.
여기저기 두면 잃어버릴 만한 자질구레한 것들, 그러나 없으면 불편할 것들을 모아두었다.

아로나민통

증명사진 8장, 큰사진 21장, 명성사진관 종이 1장,
만화가 그려진 종이 1장이 들어 있었다.
명성사진관 종이에는 증명사진들이 들어 있었다.

진생원골드통

통 안에 샤프, 펜, 못, 전구 등
필기구가 들어 있다.

88올림픽대회 기념주화는
총 7차례에 걸쳐 발행되었다.
개최당히 발행된 주화는
1,000원화부터 5만 원화까지 약 6종으로,
1,048만 장이 발행되어 희소가치가 떨어져
현재 가치가 낮은 편이다.

88올림픽 기념주화

국기함

이미용품

유행하는 스타일을 따라하던 시절,
머릿기름을 바르거나 파마를 하고, 머리를 빗어 넘겼다.

포마드 기름

머릿기름으로도 불렸다.
장발과 히피가 유행하기 전인
1960년대까지 큰 인기를 끌었다.
내용물이 남아있다.

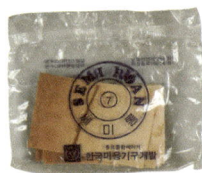

파마도구

파마말이, 집게, 유리접시,
파마말이 티슈가 있다.

살림살이

일명 도끼빗이다.
남자들이 뒷주머니에
넣고 다니다가
머리를 빗는 장면을
심심찮게 볼 수 있었다.

도끼빗

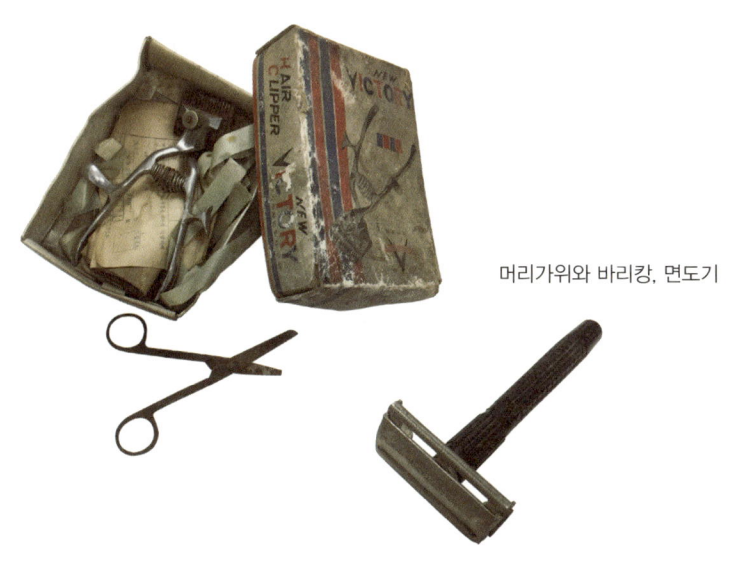

머리가위와 바리캉, 면도기

만병 통치약

약이 귀하고 웬만큼 아파도 참기 일수였던 시절,
술도 약이 될 수 있었다.

안티프라민 연고

집집마다 꼭 하나씩 있는 것 중에 하나였다.
보통은 근육통에 바르지만,
간단한 상처나 심지어 비염이나 두통에도 발랐다.
약이 귀하던 시절에 만병통치약처럼
뭐라도 발라주어야 했기 때문이었을 것이다.

용각산

용각산은 일본의
제약회사명이자 상품명이다.
진해거담제,
즉 가래나 인후통 등에 썼다.

해태런던 드라이진.
뒷면에 칵테일 만드는 법이 적혀 있다.

양주

집안을 밝혔던 물건들

옛날에는 종종 정전이 되어서 집안에 초와 성냥이 필수품이었다.

정전이 되었을 때와 제사를 지낼 때 썼다.

양초

라이터가 나오기 전이라 가정에서는 성냥이 필수품이었다.

성냥

말표 이쁜이 비누

한 봉지당 3개씩 들어 있었다.
1970년도 초까지 두루 쓰였다.
이 비누로 세수하면 이뻐진다는 이야기가 있어
여자들이 좋아했다고 한다.
그릇을 닦는 데도 쓰였다.

여러 가지 물건들

집안을 채웠던 여러 가지 물건들. 한 시절을 살았다는 것을 증명해준다

곰방대

짧은 담뱃대로 잘게 썬 담배를 담배통에 넣고 담배처럼 피우는 기구이다.

문방사우

붓, 먹, 벼루가 들어있는 갑이다. 문방사우에는 종이도 포함된다.

바둑판과 바둑통세트

자물쇠

주택복권

당시 추첨방식이 원형 숫자회전판에
화살을 쏴서 당첨번호를 가렸는데,
"준비하시고, 쏘세요!"라는 말이 유행하기도 했다.

아침이 되면
씻는 것

식구들이 깨기 전에 어머니는 할머니나 할아버지가 밤새 쓴 요강을 비우고 씻어서 말린다.
그리고 일어나는 순서대로 세수대아 앞에 앉아 얼굴을 씻었다. 먼저 씻겠다고 다투기도 했다.

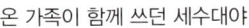

온 가족이 함께 쓰던 세수대야

언제부터였는지도 기억나지 않을 만큼
오래 전부터 온 가족이 함께 이 세수대야를 썼다.
지금이야 다들 세면대가 있어서 서서 씻지만,
옛날에는 겨울이나 여름이나 마당에 세수대야를 놓고
온 가족이 돌아가면서 쭈그리고 앉아 세수를 했다.
한겨울에는 따뜻한 물을 받아서 썼다.

옛날에는 화장실이 집밖에 따로 있었다.
밤늦게 요강에 볼일을 보고
아침 일찍 요강을 비워 깨끗하게 씻어두었다.

옥색 요강

살림살이

살림살이

바느질전

한 땀 한 땀 정성스럽게

옛날에는 대부분의 집에서 천을 떠다가 옷을 직접 지어 입었다. 재봉틀이 대중화되면서 집에서 양장을 직접 지어서 입기도 했다. 형제자매가 많은 집은 옷을 대물림해서 입기도 했는데, 때로는 옷을 줄이거나 리폼해서 새옷을 만들어 입기도 했다.

옷을 짓고
고치고

옛날에는 옷을 직접 만들고 수선했다.
잘 만들어진 옷의 본을 빌려서 체형에 맞게 다시 그리기도 했다.

1877년 우리나라에 최초로 도입된
재봉틀도 싱거사의 것이었다.
위의 재봉기계를 접어서 나무 안으로 넣을 수 있었다.

싱거(Singer)사의 재봉틀

손미싱

1960년대 우리나라 재봉틀의 대중화를 이끌었다.
국산으로 엄청난 수출성과를 이뤘다.
미싱은 일본말이다.

골무

ㄱ자 형태의 직각자

바느질할 때 바늘을 밀어넣는 용도로 썼다.

적갈색 자

눈금이 표시가 된 갈색 자

'이병희(1937.03.29. 生)가 23세에 정남에게 시집갔다'는 메모가 있다.

비단처럼
귀하게 대해 달라

예단은 신부집에서 신랑집에 예물로 보내는 비단이다.
이를 넣은 함이 예단함이다.

이병희 할머니는 1937년에 태어나 23살에 시집왔다.
부드럽고 따뜻한 인상만 보면 늘 웃음이 가득한
결혼생활이었을 것 같지만, 결혼 시작부터 녹록하지 않았다.
결혼 당시 남편은 군인이었는데, 잠시 휴가를 나온 사이
번갯불에 콩 볶아 먹듯 식만 올리고 다시 군으로 들어갔다.
시집올 때 받았던 예단함에는 한복을 비롯한 각종 예단이 담겨 있었다.
비록 지금은 골동품이 되고 비를 맞는 바람에 낡아버렸지만,
처음에는 참 화려하고 예뻤다고 한다.
예단함도, 할머니도 온몸에 세월을 새기고
세상에 하나밖에 없는 존재가 되었다.

시집올 때 가져온 예단함

예단함

살림살이

저고리

치마

한복저고리와 한세트이다.

무늬가 없는 광목천으로 만들어져 있다.
치마말기는 한복 치마나 바지의
맨 위에 둘러서 댄 부분을 말한다.
하의류로 입는 옷에는
보통 다 달리게 되는 하의의 한 부분이다.

치마말기

비단천과 광목

다림질

세탁 후에는 풀을 먹여 새 옷감과 같이 올이 바르고
윤기있게 손질하여 다듬이질이 발달했다.

시어머니께서 쓰시던 다듬이 방망이를
황학록 어르신이 물려받아 썼다고 한다.
다듬이질하는 맑은 소리에 마음도 퍼졌을 것이다.

시어머니가 사용하시던 다듬이 방망이

인두

숯불 속에 넣어서
달군 뒤에 사용했다.
한복 동정깃이나
소맷부리 등
세밀한 부분을
섬세하게 다릴 때 썼다.

숯불 다리미

안에 숯불을 넣은 뒤
두 사람이 다림질감을
마주 잡아당기면서
그 위를 문질러서
다림질했다.

이 다리미는 20년 동안 쉬지 않고
권기자 어르신 가족들의 옷을 반듯하게 다렸다.
빨간 손잡이는 어디 하나 망가지지 않고
튼튼하게 붙어 있다.
단정하고 깨끗한 옷은 사람의 첫인상을
좌우하는 기본이라고 생각하였다.
가족들에게 주름 하나 없는 옷을 입히고 싶어
열심히 옷을 다림질했다.

다리미 판

가족들의 옷을 열심히 다린 다리미

뜨개질

이것을 받을 사람이 행복해 할 모습을 생각하면서 뜨개질을 쉬지 않았다.

털실과 대바늘

살림살이

살림살이

전자제품전

생활을 편리하게 만들어진 전자제품들

세월이 흐르면서 전기를 활용한 전자제품이 쏟아져 나오기 시작했다. 60~70년대는 대부분 일본산 전자제품이 주를 이루었는데, 80년대 들어서 본격적으로 국산 전자제품이 판매되었다. 주방가전의 등장은 식생활과 생활패턴의 변화를 본격화하기 시작했다. 전기밥솥, 세탁기의 등장은 여성이 가사노동에서 벗어나 사회 참여하는 것을 앞당기게 되었다.

음악이 흐르고

1980~90년대 가장 인기있었던 라디오프로그램은
'별밤'(별이 빛나는 밤에)이었다. 수많은 사연과 신청곡이 쏟아졌다.

TBC radio 마크가 있는 것으로 보아
TBC라디오방송국에서
기념품을 만든 것으로 보인다.

휴대용 라디오(TBC 기념품)

전면 스피커가 있는, 1.5볼트 건전지 4개가 들어가는
휴대용 라디오. 손잡이가 달려 있어서
야유회 등에 가져가서 음악을 틀어놓고 즐겼다.

휴대용 라디오(Panasonic RF-775)

라디오, 테이프 재생과 녹음 기능이 있다.
위에 매직으로 유치원이라고 적혀 있다.
이전에는 풍금을 쳐서 노래를 배웠는데,
휴대용 음향기기가 나오면서
테잎을 틀어놓고
노래를 배우기도 했다.

카세트 라디오(대우 RCS-1300)

이 테잎을 카세트에 넣고 틀면 음악이 나온다.
고속으로 테잎을 감기 위해 테잎의 톱니 부분에
육각연필을 끼워서 돌리기도 했다.

카세트 테잎

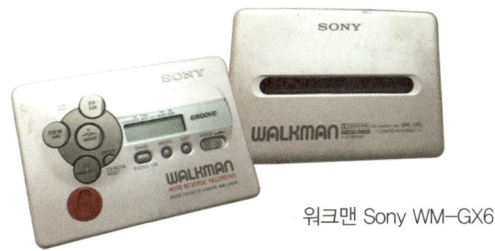

워크맨 Sony WM-GX674

당시 청소년들이 가장 갖고 싶어한 물건이었다.
학교나 버스에서 워크맨에 이어폰을 꽂아 음악을 들으면
부러움의 대상이 되기도 했다.

전축

빙글빙글 돌아가며 음악을 들려주었다

원반에 홈을 파서 소리를 녹음하고, 바늘을 사용해서 이것을 소리로 재생한다. 1분에 33 ⅓회 회전하는 장시간 연주용 음반을 올려놓고 음악을 감상했다. 판의 크기는 지름 30cm이고 편면의 연주 시간은 25~30분이다. 1948년에 미국의 콜롬비아 회사에서 팔기 시작했다.

유성기 또는 축음기

서부영화음악 앨범인 〈Go West Stagecoach〉는 백판(복제판)으로 보인다. 당시 인기있는 앨범은 복제판 제작과 판매로 인해 골머리를 앓기도 했다.

LP판

새로운
세상의 바람

우리의 삶은 급격하게 달라지기 시작했다.

당시에는 헤어드라이어가 보편화되기 전이어서
아침에 머리를 다 말리지 못한 채로
등교하거나 출근하는 사람이 많았다.

SEIWA 드라이기

드라이기가 없는 집에서는 선풍기 바람에 머리를 말렸다.

우리나라는 1973년부터 2005년까지
32년에 걸쳐 110V에서 220V로 승압하였다.
110V에서 쓰던 기존 전자제품은
가정용 변압기를 거치지 않고서는 사용할 수 없었다.
이 변압기를 '도란스'라고 불렀는데,
정식 영어 명칭은 다운트랜스다.

㈜금성사에서 만든 청풍 선풍기(FD-3518H)

사진기

순간의 아름다움을 붙잡을 수 있게 되었다.

스트로보와 클로즈업 렌즈가 내장되었다.
첩보영화에 나올 법한 독특한 모양 때문에 인기를 끌었다.

미놀타에서 나온 포켓용 사진기(450Ex)

자동으로 밝기를 판단한 최초의 자동노출 카메라.
당시 카메라는 굉장히 고가의 가전으로 취급받았고,
카메라를 들고 다니면 선망어린 시선을 받기도 했다.

올림푸스에서 나온 사진기(Auto Eye)

사진

살림살이 234

디지털
기기

업무도, 사람과의 만남도 모두 디지털화 되었다

삼성전자에서 만든 모니터(MD-1255H)

본체에 연결하여 썼다.
당시 컴퓨터는 별도의 카세트 같은 기계를 본체와 연결하여
테이프를 넣고 돌려서 프로그램을 로딩했는데,
간단한 게임 로딩 시간이 대략 20~30분 정도 걸렸다.

팬텍에서 만든 삐삐(PP-305A형)

휴대전화가 나오기 전까지 개인간 통신의 주요한 수단이었다.
전화를 걸어 삐삐번호를 호출하면 단말기에
숫자를 남기거나 음성메시지를 남길 수 있었다.
1004(천사), 8282(빨리빨리), 1010235(열렬히 사모) 등
숫자 암호를 통한 메시지 전달이 한때 유행하였다.

가전
조리

빵을 먹기 시작하고, 매번 밥을 하지 않아도 되었다.

일본 내쇼날사 가정용 토스트 오븐기(NT-6012)

당시 집에서 직접 빵을 구워먹는 집이 대단히 드물었다.
처음에 빵은 간식 취급을 받다가
차츰 아침 대용식으로 자리잡았다.

빨간색 전기밥솥(Goldstar)

전기밥솥 사용에 익숙하지 않은 사람을 위해서
수신자부담으로 전화를 하면 사용법을 알려주었다.
전기밥솥으로 죽이나 간단한 빵을 만드는 법이
사용설명서에 적혀있기도 했다.

살림살이

학교전

입학에서 졸업까지 학교물건

형편이 어려워서, 집안일을 도와야해서 학교를 다니고 싶어도 다니지 못했던 아이들이 많았다. 월사금을 내지 못해 불려가 혼나거나 공개적으로 망신을 당하기도 했다. 수업에 필요한 준비물을 챙기지 못해 혼나기도 했다.

공부

해방 이후 최초의 교과서는 1949년에 발간되었다.
배움에 목마른 시절이었다.

교과서

학교에서 교과서를 받아들고 집에 오면
며칠에 걸쳐 교과서를 읽어치우기도 했다.
교과서를 잃어버리면 헌책방에서 교과서를 샀다.
새로 받은 교과서를 달력종이나 포장지 등으로
겉을 둘러싸기도 했다.

노트, 숙제장

전과는 초등학교 학습참고서였다.
전과를 보고 숙제를 그대로 베끼기도 했다.
상당히 비싼 편이었다.

동아전과 카드와 표준수련장

수업 준비물

다양한 교육용 보조재료를 뜻한다.
수업준비물이 필요한 날은 학교 앞 문방구가 발디딜 틈이 없었다.

슬라이드 필름을 넣으면 영사된 화면을 볼 수 있었다.
슬라이드로 수업을 하면 창문의 커튼을 모두 닫았다.
잠시 멋진 세상에 다녀온 기분이 들었다.

Sawyers사의 영사기(Grandprix 570R)

교재스라이드(문교스라이드사)

수업이나 시험의 시작이나 끝에 쳐서
시간을 알렸다.

소형 철제 종

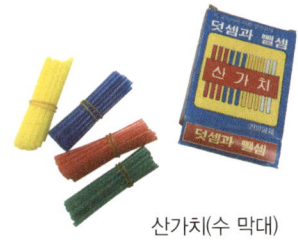

산가치(수 막대)

시계 교구

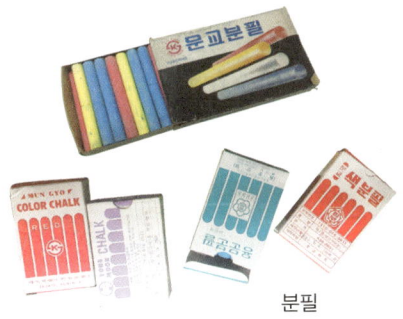

분필

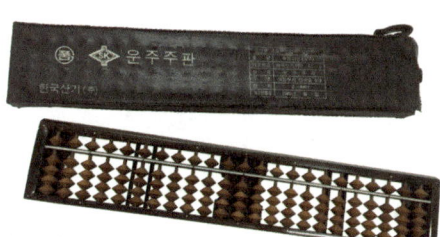

주판

옛날 상업고등학교 주산/부기 수업시간에 실습을 하면,
계산이 끝난 뒤 선생님이 "자, 털고!"라고 구령을 붙였는데,
이는 주판알을 재정렬한다는 뜻이다.
어린 동생들이 주판에 올라 타다가 혼나기도 했다.

풍금

풍금을 타는 뒷모습은 그것이 남자든 여자든
설레게 만들었다.

풍금

국민학교 교실에서는 남자선생님도
풍금을 칠 줄 알았다.
풍금소리에 맞춰 '옹달샘'같은 노래를
함께 불렀다.

졸업

'빛나는 졸업장을 타신' 까지만 불러도
울음바다가 되었다.

상장통과 졸업장

이진형의 강상초등학교 3학년 개근상장(1972. 2. 24),
전농중학교 졸업장(1978. 2. 28)이 들어있다.

졸업기념통

통 안에 배지, 단추, 구슬 등이 들어 있다.

문을 닫으며

이제 골목박물관의 문을 닫는다.
하지만 골목은 늘 열려있을 것이고
우리는 거기서 당신에게 향하는 문을 찾을 것이다.

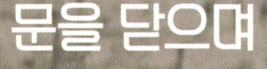

문을 닫으며
한 권의 책으로 남은 골목박물관

이젠 다른 데 가서는 못살지.
얼마나 다들 살뜰하게 챙기고 위하는데.
영감보다 더 좋다니까?

사람이 오랫동안 살아온 마을은 저마다 품고 있는 향기가 있다. 골목에서 마주치는 사람마다 '간밤에 잘 잤소?'라든가 '오늘 꽃단장하고, 어디 가시오?' 하는 소소한 인사를 나눈다. 골목에 평상이나 의자를 놓고 이웃과 수다를 떨거나, 그런 이웃이 며칠 눈에 보이지 않으면 찾아가 안부를 묻기도 한다. 수원의 행궁동도 이렇게 사람 사는 향기가 가득한 곳이다.

지금 행궁동은 주말이면 사람이 빽빽하게 들어찰 정도로 뜨거운, 말 그대로 핫플레이스가 되었다. 이쁘고 아기자기한 공방과 카페, 음식점이 골목마다 가득하고, 골목 여기저기서 기념사진을 남기는 사람들로 붐빈다. 이렇게 행궁동도 세월의 흐름을 이겨낼 수 없었지만, 그렇다고 사람 사는 게 아주 달라진 것도 아니다.

여전히 사람들은 서로의 안부를 묻고, 정성스레 기른 화초를 골목에 내어놓고, 때로는 '제발 화분 좀 가져가지 마세요.'라고 써 붙이기도 하면서 골목에서 함께 살아가고 있다. 이제 〈골목박물관〉의 문을 닫지만, 골목은 늘 사람 사는 이야기로 생생할 것이다.

도시가 발달하고 커지면서 골목이 있던 주택가는 빠른 속도로 옛 모습을 잃었다. 돌이켜 보면 우리나라는 일제강점기와 한국전쟁, 군사독재를 거치며 100여 년의 짧은 시간 동안 근대화, 산업화, 민주화 과정을 거쳤다. 이 과정에서 우리는 앞만 보고 달려왔고, 그 덕분에 많은 성과를 얻었지만, 당장의 발전에 불필요한 것들은 너무나도 쉽게 버려졌다. 공동체는 해체되고, 개인의 욕망을 실현하기 위한 무한 경쟁이 되물림되고 있다.

지역의 문화자원을 모으는 민간기록은 해체된 공동체의 가치를 돌아보고, 각자의 삶이 어디로 흐를 것인지 고민하고 성찰하는 계기를 마련해 준다. 그래서 〈골목잡지 사이다〉가 찾는 골목은 세상으로 이어지는 문이라고 생각한다. 골목은 세상 모든 사람의 마음 속으로, 기억 속으로 난 문이다. 우리는 골목에서 수없이 많은 낯설지만 반갑고, 또 평범한 사람들을 만나 울고 웃으며 스스로의 역사를 기록하고, 함께 사는 법을 이야기할 것이다.

사람의 생애가 빛나는 골목박물관
수집 과정의 이야기

골목박물관은 수원 행궁동 성안 마을 안에 흩어져 있던 수많은 콘텐츠(이야기, 사람, 물건)를 마을 주민이 주체가 되어 발굴·조사·수집하여 만들어졌다.

지역생활사의 작지만 소중한 생활문화를 수집하고 기록하는 일은, 다양한 마을 문화를 회복하는 일이자 그곳에 사는 사람들의 생애를 빛나게 만드는 일이다. 수백 년에 걸쳐 살아온 삶의 터전을 보존하고, 함께 사는 마을공동체를 지키는 일이다. 이를 통해 경제와 개발에 집착하는 낡은 도시계획의 패러다임을 벗어나 원도심의 바람직한 도시재생 해법을 제시하고자 하였다.

주민들은 마을의 지역학 강의를 통해 마을의 역사도 공부하였고, 스스로 이 골목박물관을 구성하고 채우기 위해 마을 사람들을 직접 만나러 다녔다. 오래된 물건 뿐만 아니라 그 속에 담긴 개인의 이야기를 듣고 기록으로 남겼다. 이를 통해 행궁동의 숨겨진 역사를 발견하고, 마을에서 함께 살아온 긴 세월을 돌아보며 자기 삶의 가치를 스스로 발견하는 계기가 되기도 했다.

골목박물관, 한 권의 책이 되다

01 설명회 개최

2016년 7월 22일, 행궁동 주민을 대상으로 〈성안마을 골목박물관〉 설명회를 진행하였다.
이 설명회를 통해 시민수집가로 활동하거나 이야기가 담긴 물품을 기증하는 방법, 이 동네의 역사에 대해 증언하는 등 다양한 모습으로 이 사업에 참여할 수 있다는 것을 설명하였다. 또한 주민의 의견을 반영함으로써 이 사업이 주민이 주체가 되는 사업이 될 수 있도록 하였다. 〈성안마을 골목박물관〉 설치가 우리 근대사의 기록을 남기는데 있어 중요한 역할을 할 것이라는 것을 주민에게 인식시키는 첫 번째 발걸음이었다.
설명회에 참여한 주민은 강점자, 김종순, 김중배, 김효임, 오규석, 오인숙, 윤근영, 이혜영, 임안순, 임인선, 조병삼 등 총 11명이었다.

02 공개수집 행사

2016년 7월 30일, 행궁동 주민을 대상으로 〈성안마을 골목박물관〉에 담길 물품의 공개수집 행사를 진행하였다. (주)더페이퍼 사옥에서 진행된 공개수집 행사는 불특정 다수의 주민이 자유롭게 참여하여 마을 잔치가 될 수 있도록 준비하였다. 또 〈성안마을 골목박물관〉을 홍보하기 위해 티슈에 홍보스티커를 부착하여 방문한 주민에게 나누어 주었다.
현수막과 포스터, 입소문을 듣고 참석한 주민을 대상으로 간단한 인터뷰를 진행하여 행궁동에 숨겨진 이야기를 듣고, 사람들의 삶을 엿보는 기회가 되었다.

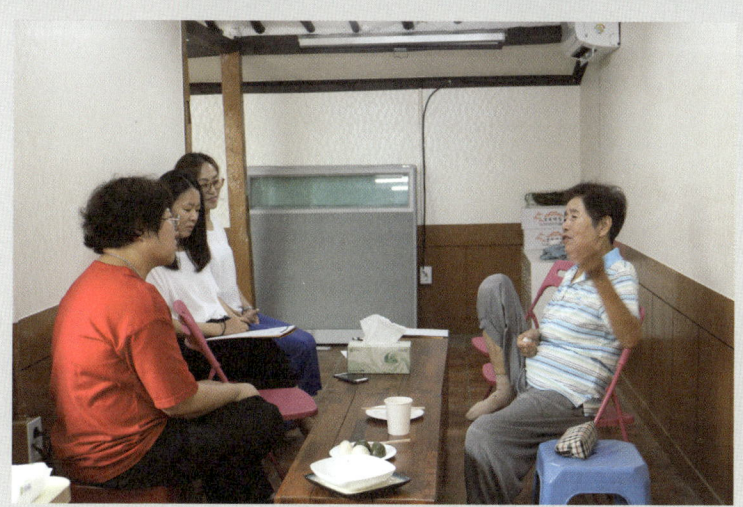

03 시민수집가 교육 및 인문학 강좌

행궁동 주민의 자발적인 참여로 시민수집가가 구성되었다. 최초 총 8명의 시민수집가를 대상으로 시민수집가 교육과 인문학 강좌가 진행되었다. 4회에 걸쳐 진행된 교육과 강의는 시민수집가의 역량을 높임으로써 골목박물관의 결과물의 수준을 한껏 올리는데 기여하였다.

1) 시민수집가 활동교육

2016년 8월 30일. 생태교통 커뮤니티센터에서 시민수집가를 대상으로 시민수집가 활동내용에 대한 교육을 하였다. 〈성안마을 골목박물관〉 만들기란 어떤 프로젝트인지, 이화동 박물관 사례를 통해 〈골목박물관〉을 구체적으로 알 수 있도록 하였으며, 연보 작성의 사례를 통해 인터뷰의 방향을 제시하였다. 이어 〈시민수집가〉란 무엇인지, 구체적인 활동 내용 및 앞으로의 일정을 설명하였으며 구체적인 시민수집가의 취재활동 매뉴얼을 안내했다.

2) 시민수집가 인문학 교육

화성박물관 한동민 관장님을 모시고 시민수집가들을 위해 인문학 교육을 진행하였다. 2016년 9월 12일. 생태교통 커뮤니티센터에서 진행된 이 강의는 지역박물관의 역할과 기록의 중요성 등에 대한 내용이었다. 또한 수원의 역사가 한국사에서 어떤 위치에 있는지 강조하여 수원시민으로써의 자긍심을 갖게 하였다. 근대생활사를 중심으로 한 〈성안마을 골목박물관〉을 만드는 데 있어서 시민수집가들의 활동이 얼마나 중요하고, 또 의미있는지 다시 한 번 강조하였다. 앞으로 시민수집가들의 역할이 기대되는 시간이었다.

골목박물관, 한 권의 책이 되다

3) 시민수집가 교육 및 활동보고

2016년 9월 23일, 생태교통커뮤니티센터에서 최윤경 실장의 강의와 진행으로 시민수집가들의 교육이 진행되었다. 시민수집가들의 수집활동을 중간점검하고, 구체적 사례를 들어 수집활동을 설명하였다. 시민수집가들도 그간 수집활동을 진행하면서 가지게 되었던 궁금함들을 해소함으로써 좀 더 전문적이면서 효율적인 수집활동으로 이어질 수 있었다고 평가하였다.

4) 현장방문 교육활동

2016년 9월 28일, 시민수집가와 더페이퍼의 실무진, 골목박물관 설치에 함께할 전문가 등 총 14명이 인천 배다리역사문화마을을 답사하였다. 강의를 통한 이론적인 교육의 틀을 넘어 〈성안마을 골목박물관〉의 실제 사례가 되어줄 현장을 방문한 것이다. 스페이스빔, 헌책방 골목 등 여러 문화현장을 방문하고, 현장에 있는 사람들의 설명을 들으면서 행궁동에 설치할 골목박물관을 구체적으로 구상할 수 있는 계기가 되었다. 또 수도국산 달동네 마을박물관도 함께 현장답사하여 우리가 찾고 보존해야 할 근대사 기록물이 무엇인지 알 수 있었다.

04 시민수집가의 수집활동

〈성안마을 골목박물관〉은 마을 안에 흩어져 있는 콘텐츠를 마을 주민이 주체가 되어 발굴, 조사, 수집하여 골목박물관을 구성하고 채워나가는 프로젝트이다. 따라서 이 골목박물관은 최종 결과물도 중요하지만, 그 과정이 더 큰 의미와 중요성을 가질 수밖에 없었다. 행궁동에 오랫동안 거주한 마을 주민들이 시민수집가가 되어 수원의 골목골목에 숨겨진 역사와 사람들의 삶 속에 흐르는 이야기들을 찾아냈다.

1) 시민수집가 소개

〈성안마을 골목박물관〉의 시민수집가들은 장안동, 신풍동, 매향동, 남창동, 남수동을 돌아다니며 그 동네의 역사를 이야기해 줄 수 있는 주민들을 만나고 그들을 인터뷰했다.

주민들의 사연이 담긴 물건들은 시민수집가들이 능동적으로 활동한 덕에 누구의 주목도 받지 못하고 묻힐 뻔한 위기에서 벗어나 〈골목박물관〉을 통해 빛나는 삶의 이야기를 품은 물건으로 재탄생하게 되었다. 처음에는 총 8명이 지원하였으나 한 명은 개인 사정으로 중도 탈락하여 김중배, 신현준, 오인숙, 이용재, 이혜영, 임안순, 임인선 등 총 7명의 시민수집가가 수집활동을 마무리하여 주었다.

시민수집가 명단과 활동 지역

지역	시민수집가	지역	시민수집가
장안동	김중배, 임안순	남창동	신현준, 오인숙
남수동	이용재	매향동	임인선
신풍동	이혜영		

2) 수집활동 과정

시민수집가들은 수집활동 일정을 더페이퍼 담당 실무진과 공유하며 활동을 진행하였다. 각 지역에서 오랫동안 거주하였고, 동네 사정을 잘 아는 인터뷰 대상자를 섭외하여 약속시간에 맞추어 방문하였다. 더페이퍼에서 제공한 질문지를 기반으로 하여 주민들에게서 이야기를 이끌어내고, 수집할 물품을 체크하고, 사연을 기록하였다. 카메라와 녹음기를 가지고 인터뷰 내용을 기록하였다. 또한 전문적인 도움이 필요할 경우 더페이퍼의 실무진이 함께 동행하여 수집활동을 진행하였다.

3) 수집대상자와 수집품

총 30명의 주민을 대상으로 수집활동을 진행하였다. 물품을 기증하신 분도 있고, 인터뷰만 진행하신 분들도 있다.

05 기록작업

수원지역의 사람, 문화, 역사의 소소한 이야기를 담고 있는 골목잡지 〈사이다〉를 발간하고 있는 (주) 더페이퍼는 행궁동이 가지고 있는 지역의 역사, 특히 이 지역을 수십 년간 지키고 있는 사람들의 구술을 통해 기록되지 못한 과거를 되짚고, 기록되지 못해 사라질지도 모르는 가치를 발굴하고 있다.

과거를 기억하는 현 주민을 중심으로 구술 인터뷰를 통하여 지역과 이 지역사람들의 이야기를 듣고 동네마다 그 곳에서 살아온 주민 중에 구술자를 선정하여 골목잡지 〈사이다〉의 기자와 마을 수집가가 함께 행동동(팔달로 1·2·3가, 남창동, 영동, 중동, 구천동, 남수동, 매향동, 북수동, 장안동, 신풍동)을 중심으로 그 지역에 오랜기간 살아온 주민과 시장사람들을 대상으로 기록작업을 진행, 구술 채록을 통해 각 사람들의 삶이 담긴 연대기와 마을의 역사를 찾아 기록한다. 이 구술 작업은 최종적으로 영상기록물로 제작하여 전시하는 자료로 활용하거나, 그 외에도 다양한 형태의 출판물로 발행하기 위한 자료로 사용하여 기록으로 남긴다.

골목박물관, 한 권의 책이 되다

문을 닫으며

골목박물관, 한 권의 책이 되다

골목박물관, 한 권의 책이 되다

발행일	2020. 10. 30.
펴낸이	최서영
펴낸곳	(주)더페이퍼

더페이퍼

주소 경기도 수원시 팔달구 화서문로 66(신풍동)
전화 031-225-8199
홈페이지 www.saida-books.com
메일 thesaida@hanmail.net

엮음	골목잡지 사이다
	김위정 김현주 이경이 이형희 최미숙 최은희 최주영
그림	김예슬
사진	김주원 박김형준 송유정 이선미
디자인	최세영

인쇄	한솔칼라

ⓒ 2020. 본 제작물의 저작권 및 판권은
더페이퍼에 있습니다.

ISBN	979-11-89500-29-0

저작권자 ⓒ (주)더페이퍼

이 책은 저작권법에 의해 보호를 받는 저작물이므로
저자와 출판사의 허락 없이 내용을 옮겨 쓸 수 없습니다.

값은 뒤표지에 있습니다.

🏠 **수원문화재단** 수원문화재단의 지원을 받았습니다.